Gerhard Wehr
Der innere Christus

GERHARD WEHR

# DER INNERE CHRISTUS

Zur Psychologie des Glaubens

BENZIGER

Umschlaggestaltung
Bärbel Rhades

Alle Rechte der Verbreitung,
auch durch Film, Funk und Fernsehen,
fotomechanische Wiedergabe, Tonträger jeder Art
und auszugsweisen Nachdruck,
sind vorbehalten.

© 1993 Benziger Verlag AG Zürich

ISBN 3-545-24106-8

## Inhalt

Einführung
9

Die Welt der Archetypen
*Grundbegriffe der Psychologie Carl Gustav Jungs*
13

Leben heißt Veränderung
*Individuation als Weg menschlicher Selbstwerdung*
49

Auf dem Weg nach innen
*Seelenführung aus der spirituellen Dürre*
87

Grenzüberschreitungen
*Schlüsselerlebnisse vor dem spirituellen Durchbruch*
119

Begegnung mit dem inneren Christus
*Religiöse Erfahrung im Licht der Tiefenpsychologie*
149

Die Sprache der Symbole
*Heilige Hochzeit und menschliche Reifung*
171

Ausblick
211

Literatur
217

# Einführung

Auf der Schwelle zum dritten nachchristlichen Jahrtausend hat das Interesse an der Tiefenpsychologie in erstaunlicher Weise zugenommen. Das kann insofern nicht verwundern, als das zentrale Thema dieser Disziplin nicht die Welt der äußeren Objekte ist, sondern der Mensch selbst: der fragende, der erfahrende, der um Selbsterkenntnis, schließlich der um Selbstverwandlung und Persönlichkeitsreifung bemühte Mensch.

Entsprechendes gilt für das weite Feld der Spiritualität. In dem Maße, in dem die traditionellen Autoritäten in Religion und Weltanschauung an Glaubwürdigkeit und Evidenz verloren haben, ist das Verlangen nach originärer religiös-spiritueller Erfahrung gewachsen, und zwar nicht allein außerhalb oder am Rande des Christentums, sondern auch im Kreis derer, für die der Christus die Mitte ihres Lebens, die Mitte des Lebens schlechthin symbolisiert.

Dabei ist es kein Widerspruch, wenn lang erprobte Techniken des geistlichen Lebens, speziell die Meditation in ihren verschiedenen Spielformen, von neuem in Übung kommen. Mancher wird überrascht sein, daß meditative Wege auch in der westlichen Hemisphäre seit mehr als zwei Jahrtausenden in Blüte stehen, selbst wenn es immer wieder lange Zeiten der spirituellen Dürre und der Geistvergessenheit gegeben hat.

Überraschen mag sodann die Tatsache, daß die Bewußtseinsgeschichte eindrucksvolle Beispiele für spirituelle Durchbruchserlebnisse, Erlebnisse der Erleuchtung und geistiger Schau verzeichnet, bei denen Menschen bis in die Gegenwart herein der anderen Dimension der Wirklichkeit gewahr und gewiß geworden sind, um aus dieser Gewißheit heraus ihr weiteres Leben verantwortlich zu gestalten.

Unter diesem Gesichtspunkt kommt einer Psychologie wie der von C. G. Jung besondere Bedeutung zu, weil sie mit den Elementen seelisch-geistiger Wirklichkeit vertraut macht: mit der Welt der Archetypen, mit dem Prozeß der Selbstwerdung (Individuation), mit deren Ziel, die die Symbolsprache der Menschheit seit alters «Heilige Hochzeit», auch mystische bzw. chymische Hochzeit, genannt hat. Schließlich ist es von besonderer Bedeutung, daß Carl Gustav Jung als der Begründer der Archetypischen Psychologie nicht nur die Erfahrungen anderer beschrieben oder psychologische Theorien formuliert hat. Wie selten ein anderer Seelenarzt und Geisteslehrer hat er seine Eigenerfahrungen mit erstaunlichem Freimut offengelegt. Die Tatsache, daß er abseits der üblichen Pfade einen inneren Weg zu Christus gegangen ist und einen solchen Weg zu zeigen vermochte, macht m. E. nach wie vor die Aktualität C. G. Jungs aus.

Damit ist das Terrain umschrieben, in das die einzelnen Beiträge dieses Buches einige Schneisen schlagen. Es handelt sich – mit Ausnahme des Kapitels über Jung – um Texte, die in den letzten Jahren im Abendstudio des Süddeutschen Rundfunks und des Südwestfunks gesendet worden sind.

Schwarzenbruck bei Nürnberg,
im Advent 1992                                   *Gerhard Wehr*

# Die Welt der Archetypen

Grundbegriffe der Psychologie
Carl Gustav Jungs

Zu den wichtigsten Forschungsgegenständen und Einsichten der modernen Tiefenpsychologie gehört zweifellos das weite Feld des überpersönlich-kollektiven Unbewußten mit seinem Korrelat, dem «Archetypus». Dieser zentrale Begriff aus der Analytischen Psychologie C. G. Jungs ist keineswegs unumstritten. Macht man sich jedoch einmal klar, welche letztlich unbegrenzbare Reichweite dem Feld des Unbewußten beizumessen ist, dann kommt man ohne eine Differenzierung des bewußtseinstranszendenten Bereichs der menschlichen Psyche nicht aus. Das heißt, man muß unterscheiden, ob es sich um solche Inhalte des Unbewußten handelt, die mit dem persönlichen Erleben des Menschen in Geschichte oder Gegenwart in Verbindung stehen, oder ob das Unbewußte Bilder und Vorstellungen produziert, die den Horizont dieses persönlichen Unbewußten überschreiten.

### Die Entdeckung des Unbewußten

Geistesgeschichtlich war ein langer Weg zurückzulegen, ehe der Begriff des kollektiven Unbewußten gebildet werden konnte. Wohl prägte bereits Heraklit, der «dunkle» Philosoph aus Ephesus, vor mehr als 2500 Jahren den berühmten Satz:

«Der Seele Grenzen kannst du im Gehen nicht ausfindig machen, auch wenn du jegliche Straße abschreitest, so tiefen Logos – so tiefen Sinn – hat sie.»

Aber die in diesem Satz ausgedrückte Ahnung von der Grenzenlosigkeit und Unüberschaubarkeit des seelisch Wirklichen wurde erst verhältnismäßig spät überprüft, verifiziert und präzisiert. Vertreter eines rationalistisch verengten Menschenbildes meinten bis ins 18. und 19. Jahrhundert hinein, die menschliche Psyche sei mit dem Bewußtsein identisch. Das Ich vermöge die Totalität der Seele mit ihren Funktionen des Denkens, Fühlens und Wollens mehr oder weniger deutlich zu überblicken. Carl Gustav Carus und Eduard von Hartmann unternahmen es dann, die Idee des Unbewußten philosophisch zu fassen. Dem naturwissenschaftlichen Empirismus und dem Materialismus des vorigen Jahrhunderts konnte diese «Philosophie des Unbewußten», wie Eduard von Hartmann sein Hauptwerk nannte, nicht standhalten. Erst als sich die Medizin bzw. die medizinische Psychologie naturwissenschaftlicher Forschungsmethoden bediente, kam die unbewußte Psyche neu in Sicht.

*Von Freud zu Jung*

In den ersten Theorieentwürfen Sigmund Freuds galten die vergessenen und verdrängten seelischen Inhalte als «das Unbewußte». In einem Bild ausgedrückt: Freud wagte es, darauf hinzuweisen, daß das Vernunfthaus des menschlichen Ich mit seiner stolz zur Schau getragenen Fassade auch eine recht wenig ansehnliche Kehrseite hat, ein Interieur mit dunklen Rumpelkammern und Kellern, die mit einem Plunder angefüllt sind, den man vor dem Besucher geflissentlich verbirgt. – Das Unbewußte also eine Art Rumpelkammer für das Unliebsame, Vergessene und für das aus irgendwelchen Gründen Verdrängte oder Tabuisierte. Dem Begründer der Psychoanalyse blieb es zwar nicht verborgen, daß es auch so etwas wie ein teils bewußtes, teils unbewußtes Kollektivbewußtsein geben müsse, das dem Ich gegenübersteht. Die eigentliche Entdeckung und Erforschung des kollektiven Unbewußten und der Archetypen fiel jedoch Carl Gustav Jung zu.

In dessen Biographie gibt es mehrere Schlüsselerlebnisse, die ihm die für diese Entdeckung erforderlichen Anstöße gaben. Erinnert sei in diesem Zusammenhang an jenen Traum Jungs, den er mit Sigmund Freud besprach. Die Situation war bedeutsam: Beide Männer folgten im Jahre 1909 einer ehrenvollen Einladung zu Vorträgen an die Clark-University in Worcester/Massachusetts.

Auf dem Wege dorthin träumte Jung von einem ihm unbekannten Haus mit zwei Stockwerken. Trotz der Unbekanntheit war es «sein» Haus. Jung erzählt:

«Ich befand mich im oberen Stock. Dort war eine Art Wohnzimmer, in welchem schöne alte Möbel im Rokokostil standen. An den Wänden hingen kostbare alte Bilder. Ich wunderte mich, daß dies *mein* Haus sein sollte, und dachte: nicht übel! Aber da fiel mir ein, daß ich noch gar nicht wußte, wie es im unteren Stock aussähe. Ich ging die Treppe hinunter und gelangte in das Erdgeschoß. Dort war alles viel älter, und ich sah, daß dieser Teil des Hauses etwa aus dem 15. oder aus dem 16. Jahrhundert stammte. Die Einrichtung war mittelalterlich, und die Fußböden bestanden aus rotem Backstein. Alles war etwas dunkel. Ich ging von einem Raum in den anderen und dachte: Jetzt muß ich das Haus doch ganz explorieren! Ich kam an eine schwere Tür, die ich öffnete. Dahinter entdeckte ich eine steinerne Treppe, die in den Keller führte. Ich stieg hinunter und befand mich in einem schönen gewölbten, sehr altertümlichen Raum. Ich untersuchte die Wände und entdeckte, daß sich zwischen den gewöhnlichen Mauersteinen Lagen von Backsteinen befanden; der Mörtel enthielt Backsteinsplitter. Daran erkannte ich, daß die Mauern aus römischer Zeit stammten.

Mein Interesse war nun aufs höchste gestiegen. Ich untersuchte auch den Fußboden, der aus Steinplatten bestand. In einer von ihnen entdeckte ich einen Ring. Als ich daran zog, hob sich die Steinplatte, und wiederum fand sich dort eine Treppe. Es waren schmale Steinstufen, die in die Tiefe führten. Ich stieg hinunter und kam in eine niedrige Felshöhle. Dicker Staub lag am Boden, und darin lagen Knochen und zerbrochene Gefäße wie Überreste einer primitiven Kultur. Ich entdeckte zwei offenbar sehr alte und halb zerfallene Menschenschädel. Dann erwachte ich.»

Soweit die autobiographische Schilderung C. G. Jungs. Das Traumbild von den verschieden alten Stockwerken jenes Hauses, die verschiedene Stufen des menschlichen Bewußtseins symbolisieren, verfehlte seine Wirkung nicht. Im Traumtext kommt wiederholt die Vokabel des «Entdeckens» vor. Und in der Tat wurde Jung durch diese und durch andere, ähnlich motivierte Innenwahrnehmungen zum eigentlichen Entdecker des kollektiven Unbewußten.

*Archetypische Träume*

Wer nun auf sein eigenes Traumleben achtet, dem bleibt nicht verborgen, daß es hin und wieder auch solche Träume gibt, die über das individuelle Erleben hinausweisen. Da kommen beispielsweise Gestalten und Situationen vor, die irgendwie typisch oder urbildlich erscheinen. Es sind eben Bilder, die sich nicht auf selbst erlebte Ereignisse der eigenen Vergangenheit beziehen. Sie sind offensichtlich allgemein-menschlicher Natur. Deshalb sprechen sie nicht nur einen bestimmten, sondern letztlich jeden Menschen an.

Da tauchen Figuren auf, die das Lichte oder das Dunkle, das Männliche oder das Weibliche, das Gute oder das Böse symbolisieren; es gibt Situationen des Unterwegsseins, der Gefährdung, der Prüfung; es gibt den Helden, den Helfer in der Not, den Weisen oder weibliche Gestalten wie die fürsorgliche Mutter, die faszinierende Frau oder auch die verführerische Hexe. Und schließlich gibt es das Urbild der Ganzheit, das Licht und Dunkel, Männlich und Weiblich, Gut und Böse zu einer grandiosen Vereinigung der Gegensätze führt. Ganzheitsfiguren wie der Kreis, das Quadrat, die Vierzahl, Kugel oder Kubus können dabei vorkommen. Daher bedarf es keines besonderen Hinweises auf die Tatsache, daß die Welt der Religionen, der Mythen und Märchen, die gesamte Weltliteratur von derartigen Urbildern oder Grundmustern menschlicher Gestaltung und übermenschlicher Bedeutsamkeit erfüllt sind.

Jung spricht von den sogenannten Archetypen, genauer gesagt: von archetypischen Bildern, Figuren oder Motiven. Eine Unterscheidung zwischen dem Archetypus und einer archetypischen Gestaltung besteht insofern, als nur das archetypisch Gestaltete, das Bild, das Symbol bewußtseinsfähig ist. Der jeweils zugrundeliegende Archetypus als die prägende Kraft kann bestenfalls postuliert und erschlossen werden. Was ins Bewußtsein tritt bzw. was vorgestellt werden kann, das setzt zwar einen prägenden Faktor voraus; anschaulich ist aber nur das Geprägte. Jung gibt zu bedenken:

«Man darf sich keinen Augenblick der Illusion hingeben, ein Archetypus könne schließlich erklärt und damit erledigt werden. Auch der beste Erklärungsversuch ist nichts anderes als eine mehr oder weniger geglückte Übersetzung in eine andere Bildsprache.»

*Definitionsprobleme*

Damit ist bereits etwas von der Schwierigkeit angedeutet, erklärend, definierend und auf einen strengen Begriff bringend in die Welt der Archetypen eindringen zu wollen. Was

Jung gegeben hat, sind bestenfalls Umschreibungen oder Versuche einer Charakterisierung, wie sie aufgrund von Erfahrungen möglich sind. In seinem Aufsatz über «Das Gewissen in psychologischer Sicht» heißt es u. a.:

«Der Begriff des Archetypus... wird aus der vielfach wiederholten Beobachtung, daß zum Beispiel die Mythen und Märchen der Weltliteratur bestimmte, immer und überall wieder behandelte Motive enthalten, abgeleitet. Diesen selben Motiven begegnen wir in Phantasien, Träumen, Delirien und Wahnideen heutiger Individuen. Diese typischen Bilder und Zusammenhänge werden als archetypische Vorstellungen bezeichnet. Sie haben, je deutlicher sie sind, die Eigenschaft, von besonders lebhaften Gefühlstönen begleitet zu sein... Sie sind eindrucksvoll, einflußreich und faszinierend. Sie gehen hervor aus dem an sich unanschaulichen Archetypus, einer unbewußten Vorform, die zur vererbten Struktur der Psyche zu gehören scheint und sich infolgedessen überall auch als spontane Erscheinung manifestieren kann.»

Energisch tritt der Begründer der Analytischen Psychologie dem Mißverständnis entgegen, daß sich die Archetypen inhaltlich bestimmen ließen, etwa als eine Art unbewußter Vorstellungen. Jung läßt lediglich eine gewisse formale Bestimmung gelten. Inhaltlich lasse sich ein Urbild nur dann nachweisen, wenn es bewußt und daher mit dem Material bewußter Erfahrung ausgefüllt ist.

«Seine Form dagegen ist... etwa dem Achsensystem eines Kristalls zu vergleichen, welches die Kristallbildung in der Mutterlauge gewissermaßen präformiert, ohne selber eine stoffliche Existenz zu besitzen... Der Archetypus ist ein an sich leeres, formales Element, das nichts anderes ist als eine a priori gegebene Möglichkeit der Vorstellungsform. Vererbt werden nicht die Vorstellungen, sondern die Formen, welche in dieser Hinsicht genau den ebenfalls formal bestimmten Instinkten entsprechen.»

*Ambivalenz der Archetypen*

Archetypen bzw. archetypische Grundmuster sind also mit dem Menschsein des Menschen gegeben. Sie stellen latente Möglichkeiten menschlicher Verwirklichung dar. Je nach der Gegebenheit durch das äußere und innere Leben eines Menschen wird der jeweils entsprechende Archetypus aktualisiert, sei es in Gestalt eines Entwicklungswegs, eines Zukunftsbildes, einer Hoffnung, einer Menschheitssehnsucht. Auf derartigen archetypischen Grundmustern basieren beispielsweise die sozialen Utopien und gesellschaftlichen Zielvorstellungen, die durch politische Aktivitäten konkrete Wirklichkeit werden sollen, ganz gleich um welchen Preis. Offensichtlich haben wir hier mit einem überaus machtvollen, von gewaltigen Antriebskräften gespeisten Archetypus zu rechnen.

Es ist das archetypische Zukunftsbild des «Reiches», und zwar ungeachtet der Tatsache, daß es sich einmal um eine betont religiöse oder um eine säkulare Ausformung des Reichsgedankens handelt: Einmal ist es – in vorchristlicher Zeit – die Landsuche des «wandernden Gottesvolkes» Israel mit ihrer religiös-politischen Zionssehnsucht, eine Sehnsucht, die seit einigen Jahrtausenden an Virulenz nichts eingebüßt hat. Die Vater-unser-Bitte «Dein Reich komme!» und die christliche Hoffnung auf das Zukunftsreich, in dem Gerechtigkeit wohnt, ist nur eine formenreiche Variation dieser Hoffnung. Zum anderen sind da die Ideologen, die die Wiederbelebung alter Träume vom «Reich» betreiben oder die einer «klassenlosen Gesellschaft» entgegenarbeiten. Dem wird von der anderen Hemisphäre her mit tödlicher Drohung widersprochen.

Die ungeheure Ambivalenz eines solchen Archetypus kann man sich vor Augen führen, wenn man bedenkt, daß letztlich um eines so oder so gearteten Reichs- oder Gesellschaftsgedankens willen die Fortexistenz des Planeten Erde aufs Spiel gesetzt wird. Auf einem ganz anderen Blatt steht, ob die Politiker und Militärs sowie die diesseits und jenseits der ideologischen Fronten lebenden und leidenden Menschen sich der zugrundeliegenden psychologischen Tatbestände auch nur annähernd bewußt sind.

Die große Dynamik und – gegebenenfalls – die unberechenbare Gefährdung ergibt sich aus der Tatsache, daß Archetypen nicht nur Möglichkeiten menschlichen Verhaltens abbilden und vorbilden, sondern daß Archetypen immer auch psychische Energien freizusetzen vermögen – seien es Energien der Begeisterung, etwa wenn ein archetypisches Bild als zündende Idee, als erstrebenswertes Ziel in Erscheinung tritt. Es können sich aber auch Energien des Massenwahns entladen.

Bis in die Gegenwart herein ist die Geschichte, nicht am wenigsten die Religionsgeschichte, voll von derartigen Beispielen wahnhafter Ergriffenheit ganzer Völker, religiöser oder ideologisch indoktrinierter Gruppen. Selbst vor den Konsequenzen eines totalen Vernichtungswillens machen jene Energien nicht halt. Unversehens werden Idee und Wirklichkeit des Archetypischen faßbar. Und nicht die Menschen sind es, die den Archetypus ergreifen, sondern der Archetypus ergreift den Menschen, ohne Rücksicht auf Zahl oder bewußte Einstellung. Was wirkt, ist das letztlich unermeßliche Potential des Unbewußten unter seinem kollektiven Aspekt. Bald äußert sich dieses Ergriffensein als eine unerklärlich scheinende Faszination, bald als die unabweisbare Sorge um die Zukunft, bald in lähmender Angst und Resignation.

In einer solchen Situation, in der die spezifischen Energien des Urbildlichen erfahrbar werden, ist das Verlangen nach dem bergenden, schützenden, bewahrenden Element groß: «Wo aber Gefahr ist, wächst das Rettende auch!» Es geht um nichts Geringeres als um Neuorientierung und um die Einwurzelung des einzelnen Menschen in den ihn tragenden Grund des Lebens. Die große Verunsicherung drückt sich heute in Realsymbolen aus, die weltweit diskutiert werden, auch wenn sich die Gesprächspartner des Symbolcharakters ihres Themas oder Gegenstandes noch gar nicht klar bewußt sind.

Unter einem Realsymbol sei die Symbolik, die tiefere Bedeutsamkeit des Realen verstanden, wie sie sich beispielsweise am Sterben eines Baumes, am Sterben ganzer Waldregionen ablesen läßt. Ein sterbender Baum stellt insofern ein solches Symbol im psychischen Kräftehaushalt des heutigen Menschen dar, als dabei nicht nur die bekannten ökonomischen und ökologischen Fakten auf dem Spiel stehen. Wenn der Wald stirbt, verkarstet nicht nur die Landschaft, kommen nicht nur Wasserhaushalt, Flora und Fauna in Unordnung. Es wird nicht nur das menschliche Leben gefährdet, sondern gleichzeitig die menschliche Seele als psychosomatische Ganzheit.

Über der nur allzu berechtigten Sorge um die biologische Wiedergesundung unserer Wälder wurde noch nicht – oder noch viel zu wenig – bedacht, was es heißt, daß der Mensch von nun an mit dem *Realsymbol des sterbenden Baumes* konfrontiert ist. Soll der Baum, jahrtausendelang leibhaftiger Ausdruck des lebendigen Verwurzeltseins, von der Erde verschwinden? Soll er, soll sein Sterben künftig Realsymbol für die Zerstörung der Lebensgrundlage des Menschen werden, und zwar bis in die Wurzeltiefen des Unbewußten hinein?

*Das archetypische Erbe der Religionen*

Mit Recht wird darauf hingewiesen, daß die Religionen zum großen Teil das überaus reiche und vielgestaltige archetypische Erbe verwalten. Wer selbst noch mit ursprunghafter

Religiosität in Verbindung steht, der hat an diesem Erbe Anteil. Für den ist das religiöse Leben noch nicht in Äußerlichkeit und theologischem Formelkram erstarrt. Um es mit Jung zu sagen:

«Die Archetypen des Unbewußten sind empirisch nachweisbare Entsprechungen der religiösen Dogmen. In der hermeneutischen Sprache der Väter besitzt die Kirche einen reichen Schatz an Analogien mit den der Psychologie vorliegenden individuellen Spontanprodukten. Was das Unbewußte ausspricht ist nämlich keine Willkürlichkeit und keine Meinung, sondern es ist ein Geschehen oder ein Sosein, wie das irgendeines Naturwesens. Es ist selbstverständlich, daß die Ausdrücke des Unbewußten naturhaft und nicht dogmatisch formuliert sind.»

Man muß im übrigen nur auf Jungs Werk blicken, um zu sehen, daß er – wie kein anderer – diesem Tatbestand Rechnung trug. Psychologie und Religion ist daher das durchgängige Thema seines Lebens und Schaffens. Dagegen ließen Kirche und Theologie – der Protestantismus seines eigenen Elternhauses – bereits jene Verwurzelung im Religiösen vermissen. Religionsverlust aber entspricht einem Verlust des «mundus archetypus», das heißt der Welt positiver archetypischer Wirkkräfte. In seinem Buch «Lebensperspektiven der Psychologie» kommt der Stuttgarter Tiefenpsychologe und Analytiker Theodor Seifert auf diesen Zusammenhang der Wechselbeziehung von Religion und Archetypus zu sprechen, wenn er schreibt:

«(Die Religionen) hüten manche der großen Bilder, und sie tragen Verantwortung für deren Zugänglichkeit und Lebendigkeit mit. Insbesondere gilt das natürlich für die Gottesbilder und die Bilder der großen Weltzusammenhänge, für das Gegensatzpaar von Gut und Böse. Den Archetypen entnimmt das individuelle wie das kollektive Bewußtsein die Leitbilder zur Orientierung. Verliert es den Zugang dazu, etwa im Zuge eines einseitigen Rationalismus, so wird es ‹grundlos› und fällt – fast – aus dem Rahmen des Menschlichen heraus. Eine auf diese Weise vom Grunde losgelöste Vernunft ist wie ein Feuer, dem das Brennmaterial entzogen wird. Wie lange kann es brennen? Ohne schöpferische Einfälle aus der unbewußten Psyche sind wir darauf angewiesen, den Computern eine hochkomplizierte Denkmechanik zu überlassen, die in nicht absehbarer Weise auf uns zurückwirken wird. Diese Alternative wäre das Entdecken neuer großer Bilder.»

*Religiöse Mythen und Symbole heute*

Seifert verweist zum Thema archetypischer Wirkkräfte und Leitbilder auf die Notwendigkeit neuer Rituale und Mythen. Der Club of Rome habe ebenfalls neue Wertsysteme gefordert. Im übrigen sei die Wahrscheinlichkeit nicht gering, daß neue Bildsysteme entstünden. Die Evolution des Menschen sei noch lange nicht zum Stillstand gekommen, soweit wir das heute beurteilen könnten. Doch das ist nur *ein* Aspekt der Problematik. Auf der anderen Seite ist festzuhalten, daß das Potential archetypischer Bildgehalte fortbesteht, auch wenn das eine oder andere Symbol natürlicherweise an Bedeutung verliert und «stirbt».

Wieder liefert das Feld religiöser Erfahrung dafür zahlreiche, zum Teil überraschende Beispiele. Sie sind deshalb von Belang, weil sie nicht nur in einem engen konfessionellen Bereich Gültigkeit beanspruchen, sondern weil sie von allgemeiner gesellschaftlicher und kultureller Bedeutung sind. Als ein solches Beispiel kann der Archetypus des Weiblichen gelten, nicht am wenigsten in einer dem Patriarchat entstammenden Männergesellschaft. Er verdient, unter verschiedenen Gesichtspunkten betrachtet zu werden.

Gehen wir von den Resultaten der tiefenpsychologischen Forschung aus, wonach der Archetyp ein mythisches Motiv ist, das im Grund an keinen bestimmten Ort und an keine besondere Zeit gebunden ist, also in unterschiedlichen Bewußtseinslagen zutage treten kann, dann ist auch mit der Möglichkeit eines spontanen Erscheinens zu rechnen. Ein solches Motiv kann daher völlig unerwartet auftauchen, auch in einer Umwelt oder in Situationen, in denen es als eine außerordentliche Begebenheit empfunden wird. Und weil Archetypen als Faktoren des kollektiven Unbewußten stets präsent bzw. potentiell gegenwärtig sind, ist eine äußere Beeinflussung für deren Manifestation nicht erforderlich. Ein archetypisches Bild kann somit gleichsam «aus heiterem Himmel» erscheinen, sei es als Traum, als Vision, als religiöse Offenbarung und dergleichen. In «Psychologie und Alchemie» schreibt Jung hierzu:

«Das Mythologem ist die ureigentliche Sprache dieser psychischen Vorgänge, und keine intellektuelle Formulierung kann auch nur annähernd die Fülle und Ausdruckskraft des mythischen Bildes erreichen. Es handelt sich um Urbilder, die darum auch am besten und treffendsten durch eine bildhafte Sprache wiedergegeben werden.»

Es ist die Sprache des Symbols, die Menschheitssprache des kollektiven Unbewußten; – kein Wunder also, daß Bilder, Metaphern, Gleichnisse und Symbole aus den heiligen Schriften der Völker und aus den Dokumenten mystischer bzw. spiritueller Erfahrung nicht wegzudenken sind. Wer sie «entmythologisiert», präzisiert zwar deren theologische bzw. philosophische «Bedeutsamkeit». Es entstehen mehr oder weniger abstrakte «daß»-Sätze; etwa: es wird mir in einer bestimmten mythischen Mitteilung der Bibel gesagt, *daß* Gott dies und jenes für den Menschen tut. – Aber die vieldimensionale Fülle und Lebendigkeit eben jener Mitteilung – sei es eine Wundererzählung, eine Erzählung von Auferstehung oder Himmelfahrt Christi – eben diese Fülle und Lebendigkeit geht in dem Augenblick verloren, in dem sie auf den bloßen Begriff gebracht wird. Befriedigt wird das Verstandesdenken, – das emotionale Erfassen, das ganzheitliche Erleben, wird hingegen blockiert. Sätze historisch-kritischer Analyse oder existentialer Interpretation mögen theologisch klar und richtig sein. Aber es ist eine sterile Richtigkeit. Das lebendige, das Leben weckende Wort ist verklungen, überdeckt vom Geräusch papierener Wörter.

## Zwischenbilanz

Ehe wir uns jetzt dem Archetyp des Weiblichen zuwenden, um ihm beispielhaft Ausdrucksweise und Wirkkraft eines Archetypus zu verdeutlichen, sei das zur Charakteristik des Archetypischen Gesagte nochmals knapp zusammengefaßt:

Die Analytische Psychologie C. G. Jungs versteht unter einem Archetypus eine geistig-seelisch-leibhafte Realität, die sich durch verschiedene Komponenten näher bestimmen läßt. Es sind dies Faktoren des Dynamischen und des Emotionalen; es kommt der Faktor des Symbols zur Geltung. Er macht die Anwesenheit eines Archetypus sichtbar. Dazu kommen ferner inhaltliche und strukturelle Momente. In jedem Fall geht es um mehr als um ein bloßes Bild, auch wenn Jung selbst anfangs die Bezeichnung «urtümliches Bild» für Archetypus benützt hat, um das Gemeinte kenntlich und mitteilbar zu machen.

Gerade die Dynamik, also die von einem Archetyp ausgehende Wirkung ist es, die seine Präsenz offenbart. Zu denken ist an gewaltige, nicht selten gewalttätige Emotionen, die den Menschen ergreifen. Das Gefühl panischer Angst, das Gefühl der Ohnmacht oder des Überwältigtwerdens signalisiert jene archetypisch-über-menschlichen Faktoren, denen das Ich des einzelnen oder das Selbstbewußtsein vieler nicht länger gewachsen zu sein scheint. Um es mit Erich Neumann zu sagen: «Mit der Konstellierung eines Archetypus ist stets auch ein bio-psychisches Ergriffensein verbunden. Dieses kann sich sowohl in einer Änderung des Triebcharakters und der Instinkte äußern wie in der Leidenschaft, Affektivität und auf höherer Ebene dem Gefühlston, von dem die Persönlichkeit, auf die der Archetyp wirkt, erfaßt wird. Die dynamische Wirkung des Archetyps reicht aber über die unbewußte Instinktwirkung hinaus und setzt sich als eine unbewußte Willensbestimmung der Persönlichkeit fort, die ihre Stimmungslage, ihre Neigungen, Tendenzen und schließlich auch ihre Auffassungen, Intentionen und Interessen, ihr Bewußtsein und die spezifische Art und Richtung ihres Geistes entscheidend beeinflußt. Der unbewußt wirkende Inhalt tritt dem Bewußtsein, wenn er wahrgenommen wird, in der symbolischen Gestalt eines Bildes entgegen. Denn – so ergänzt C. G. Jung – ‹Ein seelisches Etwas kann ja notwendigerweise nur dann zu einem Bewußtseinsinhalt, das heißt vorgestellt werden, wenn es Vorstellbarkeit, das heißt eben Bildhaftigkeit, besitzt›.»

*Der Archetyp des Weiblichen*

Soviel wird aus diesen Äußerungen klar: Mit bloßer Definition ist es nicht getan. Man muß archetypischer Wirklichkeit bewußt werden; man muß sich bewußt werden, wie man selbst auf die eine oder andere Weise in das Kraftfeld und ins Beziehungsgeflecht eines Archetypus hineingeraten ist, um als Ergriffener eine Erscheinungsform des betreffenden Archetypus zu «be-greifen». Diese Aufgabe ist unerläßlich. Sie hängt aufs engste mit psychischer Reifung zusammen. Denn solange man sich der Tatsache und Wirkweise des Archetypischen, die ins eigene Leben hineinspielt, nicht bewußt ist, solange ist man dessen Opfer.

Was rechtfertigt nun, aus der Vielzahl archetypischer Motive den Archetypus des Weiblichen einer besonderen Betrachtung zu unterziehen?

Man muß wohl nicht über spezielle psychologische Fachkenntnisse verfügen oder mit der Besonderheit der Jungschen Tiefenpsychologie näher vertraut sein, um sich über die zugrundeliegende Elementartatsache klarzuwerden Sie liegt eben darin, daß die Frau nicht nur die ergänzende Gefährtin – oder wie der Volksmund sagt: die «bessere Hälfte» – des Mannes ist. Das Weibliche ist bei weitem nicht allein das Schicksalproblem des Mannes, und zwar jedes Mannes. Unter dem Aspekt der Mutter ist das Weibliche auch ein zentraler Schicksalsfaktor für die Frau. Schon allein von daher kommt dem Weiblichen – Neumann spricht in seinen Untersuchungen vom «großen Weiblichen» – eine herausragende Bedeutung zu. Denn, so schreibt Erich Neumann:

«Das Auftreten dieses Archetyps und seine Wirksamkeit ist durch die ganze Menschheitsgeschichte zu verfolgen, denn in den Riten, Mythen und Symbolen der frühen Menschheit ist er ebenso nachzuweisen wie in den Träumen, Phantasien und schöpferischen Gestaltungen des gesunden und kranken Menschen unserer Zeit.»

Will man sich nun ein Bild von den Gestaltungsmöglichkeiten des weiblichen Archetyps machen, so ist nochmals daran zu erinnern, daß der Archetyp im Jungschen Sinne als solcher unanschaulich bleibt. Was sich abbilden läßt, das sind bei unserem Beispiel die Formtendenzen, die als typisch weiblich angesprochen werden können. Wir werden damit in den Bereich der Symbole verwiesen. Und als ein Kernsymbol des Weiblichen kann hierbei das Gefäß gelten. Im Gefäß drückt sich die Gebärde des Fassens, des Empfangens, des Bergens aus, sodann die Gebärde des sich Öffnens, des Gebärens und des Hervorbringens. Was auf diese Weise etwas umschließt, verbirgt, bevor es aus sich heraus entläßt, das ist naturgemäß dunkel, unbekannt und damit unbewußt. Allein schon diese charakterisierenden Eigenschaften und Tendenzen symbolisieren das Urbildliche des weiblichen Archetypus. Erich Neumann erläutert hierzu:

«Das Körpergefäß in seiner konkreten Leiblichkeit, dessen Innen immer dunkel und unbekannt bleibt, ist die Wirklichkeit des Individuums; in ihm wird die ganze Instinktwelt des Unbewußten erfahren. Das beginnt mit der elementaren Hunger-Durst-Erfahrung des Säuglings, die ihn von innen her, aus dem Dunkel des Körpergefäßes, beunruhigt wie jeder Drang, jeder Schmerz und jeder Trieb. Dabei hat das Ich wie das Bewußtsein typischerweise seinen Sitz im Kopf, von dem die fremden, aus dem Inneren des Körpergefäßes stammenden Wirkungen apperzipiert werden. Die archetypische Körper-Gefäß-Gleichung ist für das Verständnis des Mythos und der Symbolik, darüber hinaus aber für das Verständnis des Weltbildes des Frühmenschen von grundsätzlicher Bedeutung... Das Körper-Innere ist archetypisch mit dem Unbewußten identisch, dem ‹Ort› der psychischen Prozesse, die sich für den Menschen ‹in› ihm und ‹im dunkeln› abspielen, das – wie die Nacht – ein typisches Symbol des Unbewußten ist.»

Daß diese archetypische Körper-Gefäß-Symbolik vornehmlich in archaischen Kulturen zutage tritt und im übrigen in Religion, Mythos und Märchen eine bedeutsame Rolle spielt, läßt sich leicht einsehen. Unschwer lassen sich Beziehungen herstellen, die vom weiblichen Schoß, von der Bergeshöhle, der Quelle bis hin zum nährenden Brot, zum Kelch und zum wundersamen Gral reichen. Ähnlich gestaltete Ausformungen des Weiblichen ließen sich in großer Zahl hinzufügen. Vor allem ist an die Ambivalenz des Archetypischen zu denken, daran, daß ein Archetypus neben seiner positiven Bedeutung stets auch über eine Negativseite verfügt.

Dem Schoß, der Leben hervorbringt, steht das Grab gegenüber, Urne und Sarg als Behältnisse der sterblichen Überreste. Entsprechendes gilt für das Weibliche, das über destruktive Wesenszüge verfügt. Es gibt das Furcht und Schrecken verbreitende Weibliche mit zerstörerischen, hexenhaften, verschlingenden Eigenschaften. Auch hierfür liefern die Religionsgeschichte und die Mythologie unzählige Beispiele.

Statt diese Linie weiter zu verfolgen, wenden wir uns jenen psychischen Tatbeständen und Prozessen zu, von denen Erich Neumann spricht, wenn er auf die Entsprechung der archetypischen Gefäß-Symbolik zu den im Dunklen, Unbewußten ablaufenden Vorgängen hinweist. Religiöse Überlieferungen, Situationen und Figuren im Märchen, selbst Gestalten und Schicksale im modernen Roman, im Drama, im Film vermögen ja nur deshalb so stark zu wirken, weil im Unbewußten des Menschen ebensolche Prozesse vor sich gehen. Als Phantasien, Sehnsüchte, Träume überschreiten sie die Schwelle unseres Bewußtseins und machen sensibel für Vorgänge und Bilder, die von außen an uns herantreten.

*Die transzendente Funktion der Psyche*

C. G. Jung konnte den Nachweis erbringen, daß die menschliche Psyche die Möglichkeit besitzt, zwischen dem Bewußtsein und dem Unbewußten zu vermitteln. Diese – wie er sie nennt – «transzendente Funktion» stellt eine Art Brückenschlag dar. Es handelt sich um ein natürliches Bedürfnis der Psyche, die beiden Teilbereiche seelischer Wirklichkeit zu einer Ganzheit zusammenzufügen. Das mit dem Bewußtsein verbundene Ich vermag so die engen Grenzen seiner Rationalität zu überwinden und auf die normalerweise verborgenen Inhalte des Unbewußten aufmerksam zu werden. Konkret heißt das: Diese transzendente Funktion hat dann ihre Aufgabe erfüllt, wenn es mir gelingt, meinen Erkenntnishorizont qualitativ zu erweitern und zu einer neuen Lebenseinstellung zu gelangen. Nicht eine Erweiterung des bloßen Wissens ist gemeint, sondern ein Zuwachs an Einsicht und an Reife, auf höherer Ebene: Teilhabe an Weisheit und Güte. Gemeint ist die Schaffung einer neuen Bewußtseinslage, wie sie durch eine schicksalhafte Bewegung, durch eine tiefgreifende Persönlichkeitswandlung oder durch eine religiöse Konversion herbeigeführt werden kann.

Unnötig zu sagen, daß dergleichen sich nicht in äußeren gesellschaftlichen Veränderungen des Betreffenden auswirken muß. Entscheidend ist allein, daß die Veränderung eines Menschen innen beginnt; mit anderen Worten, daß der *Archetypus der Wandlung* zum Zuge kommt. In der Regel sind derartige Vorgänge von inneren Kämpfen, von Erschütterungen, also den starken emotionalen Erregungen begleitet. In Zeiten des Übergangs von einem Lebensabschnitt in einen andern, um die Lebensmitte, aber auch schon in kritischen Momenten, etwa wenn wichtige Entscheidungen zu treffen sind, pflegen sich in den Träumen und Phantasien entsprechende archetypische Bilder einzustellen. Die emotionale Ladung, das starke Ergriffensein wird deshalb so nachhaltig empfunden, weil archetypische Motive in den archaischen Schichten der Psyche wurzeln. Sie lassen sich nicht übersehen. Sie wollen beachtet und berücksichtigt werden.

Handelt es sich beispielsweise um eine schwierige zwischenmenschliche Beziehung, zu den Eltern oder zu einer Person wie einem Vorgesetzten, dem gegenüber eine besonders große Abhängigkeit empfunden wird, dann können aus dem Unbewußten Bilder aufsteigen, die die Situation oder das Problem spiegeln. Anfangs kann es sich um die betreffende Person selbst handeln und damit relativ bewußtseinsnahe Verhältnisse beschreiben. Im weiteren Ablauf aber beginnen bewußtseinsfernere überpersönliche Symbolfiguren zu sprechen, etwa mythologisch verfremdete Figuren der Macht, des Einflusses oder der Herrschaft. Die Hervorbringungen des Unbewußten sind dann so, daß man sich sagen möchte: Dergleichen ist mir noch nie im Leben begegnet; was sollen diese Traumbilder mit meinem jetzigen Problem zu tun haben?

Geht man davon aus, daß Träume die andere, vor allem die zur Ganzheit des menschlichen Lebens hinzugehörige andere Seite seelischer Wirklichkeit darstellen, dann tut man gut, derlei Bilder als einen Wink zu verstehen. Der Wink geht dann dahin, daß das zu lösende Problem auf eine grundsätzlichere, gründlichere Weise angegangen werden will, als man gemeinhin annimmt. Und das ist eben die Welt und Wirkmacht des Archetypus, die sich gebieterisch zur Geltung bringt. Auf die psychische Entwicklung bezogen, handelt es sich vornehmlich um den Archetyp des Weiblichen unter seinem mütterlichen Aspekt. Denn die frühe Beziehung zur Mutter ist es, die für das Individuum elementare Abhängigkeit bedeutet. Die Mutter ist es, die dem werdenden Menschen gegenüber das Leben verkörpert. Die überpersönliche Bedeutsamkeit des Mütterlich-Weiblichen hebt C. G. Jung hervor, wenn er sagt: «Im Unbewußten ist die Mutter nach wie vor ein mächtiges Urbild, welches im Laufe des individuellen und bewußten Lebens die Beziehungen zur Frau, zur Gesellschaft, zum Gefühl und zum Stoff färbt und sogar bestimmt, allerdings in so subtiler Weise, daß das Bewußtsein in der Regel nichts davon merkt.»

Anzufügen ist, daß diese weit ausgreifende Charakteristik des Mutterbildes ihrerseits durch die Tatsache gefärbt ist, daß Jung naturgemäß aus dem Erleben eines Mannes heraus spricht und deutet. Wie noch zu besprechen sein wird, hat der Mann von seinem eigenen, tief im Unbewußten verankerten Seelenbild her eine eigentümliche Beziehung zum weiblichen Archetypus. Von ihm und vom Mutterbild schreibt Jung in seinen Aufsätzen über die «Wirklichkeit der Seele»:

«Mutter ist ein Archetypus, welcher Ursprung, Natur, passiv Erzeugendes – daher Stoff, materia – andeutet, daher auch materielle Natur, Unterleib, Gebärmutter und vegetative Funktionen, daher auch das Unbewußte, das Natur- und Triebhafte, das Physiologische, den Körper, in dem man wohnt oder enthalten ist; denn ‹Mutter› ist auch Gefäß, Hohlform, tragend und nährend, und daher auch psychisch die Grundlagen des Bewußtseins ausdrückend.

Mit dem Innen- und Enthaltensein ist das Dunkle, Nächtliche und Ängstliche – Enge – verbunden... Das so bekannt klingende Wort ‹Mutter› bezieht sich anscheinend auf die allerbekannteste individuelle Mutter, ‹meine Mutter›, als Symbol aber auf einen der begrifflichen Formulierung sich hartnäckig widersetzenden Hintergrund, den man nur sehr vage und ahnungsweise als das verborgene, naturhafte, körperliche Leben bezeichnen könnte, was aber schon zu eng ist und zu viele unerläßliche Nebenbedeutungen ausschließt.»

*Das kollektive Unbewußte*

Diese Äußerung C. G. Jungs ist zugleich ein weiterer Hinweis auf die Schwierigkeit unseres Themas. Hätten wir es mit einem klaren Begriff für einen allgemein zugänglichen und überschaubaren Sachverhalt zu tun, täten wir uns leichter. Begriffliches Denken und Reden kann klar und überschaubar sein. Es ereignet sich im Feld unseres Bewußtseins. Der Archetypus dagegen bleibt, wie schon gesagt, als solcher unanschaubar. Er wurzelt im Unbewußten. Und das ist jener «hartnäckig sich widersetzende Hintergrund», von dem Jung spricht. Dieser Hintergrund will stets mitberücksichtigt sein, weil unsere Prägungen, Strebungen und Motivationen von daher kommen. Ehe wir darangehen, eine Vorstellung zu bilden oder einen Entschluß zu fassen, ehe wir uns aufmachen, der Lösung eines Problems näherzukommen, ist bereits jene archetypische Wirksamkeit im Spiel. So ist es nicht ganz unverständlich, wenn der Jungschen Formulierung und Rede von den Archetypen des kollektiven Unbewußten ein nicht geringer, in der Hauptsache instinktiver Widerstand entgegengebracht wird. Man möchte am liebsten nicht wahrhaben, daß das Unbewußte in der genannten Form in unser bewußtes Leben hineinwirkt.

Das ist das eine. Auf der anderen Seite ist es offensichtlich so, daß die menschliche Psyche etwas Seiendes nur denken, vorstellen oder wahrnehmen kann, insofern es für sie relevant ist. Diese Feststellung entspricht dem bekannten Wort Plotins in der Dichtung Goethes:

> Wär nicht das Auge sonnenhaft
> Die Sonne könnt' es nie erblicken.
> Läg' nicht in uns des Gottes eigne Kraft,
> Wie könnt' uns Göttliches entzücken?

Auf unser Thema übertragen heißt das: Die großen Bilder und Symbole, die auf Welten- und Menschheitstatsachen beruhen, die Mythen und die Inhalte religiöser Offenbarung, nicht am wenigsten die Werke der Kunst, vermögen nur deshalb unser Innerstes zu ergreifen, weil dieses Innere mit einer Art von Spiegelfläche verglichen werden kann. Mehr noch: dieses Innere ist – im Sinne von Goethes Vers – selbst sonnenhafter Natur und dadurch befähigt, Wahrnehmungsorgan höherer Ordnung zu sein. Und, so kann man mit Jung folgern:

«Seitdem die Sterne vom Himmel gefallen und unsere höchsten Symbole verblaßt sind, herrscht geheimes Leben im Unbewußten. Deshalb haben wir heute eine Psychologie, und deshalb reden wir vom Unbewußten... Unser Unbewußtes aber birgt belebtes Wasser, d. h. naturhaft gewordenen Geist, um dessentwillen es aufgestört ist.»

*Anima und Animus*

Wir sind mit unserer Betrachtung an dem Punkt angekommen, an dem sich die Frage stellt: Worin besteht eigentlich die Teilhabe an der archetypischen Wirklichkeit? Von der «transzendenten», das heißt von der Existenz der zwischen dem Bewußtsein und dem Unbewußten arbeitenden Funktion der Psyche war schon die Rede. Wie verhält es sich aber mit jener Instanz, die – um bei unserem Beispiel zu bleiben – den Archetypus des Weiblichen im menschlichen Unbewußten repräsentiert?

Damit kommen wir auf einen entscheidenden Faktor des Menschseins überhaupt zu sprechen:

Von der Psychologie des Mannes her gesehen ermöglicht erst das Vorhandensein und das Mitwirken des Weiblichen die volle Menschwerdung des Menschen. Es ist jener Prozeß, der zur Vollständigkeit führt. Auf ihn, beziehungsweise auf dieses Vollständigwerden des in die beiden Geschlechter aufgespaltenen Menschen, ist das Menschsein angelegt, und zwar auf der individuellen Ebene des einzelnen, der der partnerschaftlichen Ergänzung bedarf, wie auf der kollektiven Ebene der Menschheit insgesamt.

Wieder bewegen wir uns in den Bezirken des Archetypischen. Der Archetypus der Ganzheit umgreift logischerweise die beiden Hemisphären des menschlichen Seins: das Bewußte und das Unbewußte, das Männliche und das Weibliche, das Lichte und das Dunkle, das Obere und das Untere, das Zeitliche und das Ewige. Am anschaulichsten ist diese Zusammengehörigkeit der beiden einander zugeordneten Potenzen im chinesischen Taigitu-Symbol ausgedrückt: Ein Kreis umschließt das lichte Yang und das dunkle Yin, das sich in einer geschwungenen S-Form an sein polares Gegenüber anschmiegt und es im buchstäblichen Sinn des Wortes er-gänzt.

Diese Ergänzungsfunktion des Weiblichen rührt nicht zuletzt daher, daß sie in der Lage ist, Beziehung zu stiften. Die charakteristische Geste des Umfassens und Bergens haben wir bereits erwähnt. Da kann sich Wärme, Gefühl und Mitempfinden entwickeln. Steht die Existenz des Mannes eher unter dem Zeichen von Logos und Nomos, das heißt von Verstand und Gesetz, auch von Machtausübung, so kann das Prinzip von Eros und Agápe bei der Frau als Inbegriff der Beziehungsfähigkeit und der fürsorglichen Liebe angesehen werden. Wie sehr diese Prinzipien einer wechselseitigen Ergänzung bedürfen, beobachten wir in der Regel immer dann, wenn ein Mensch diese oder jene Einseitigkeit verkörpert, also wenn etwa männliche Rationalität, die dem Gesetz der Pflichterfüllung und den sogenannten Sachzwängen folgt, durch menschliches Mitgefühl und Wärme kaum gemildert wird. Umgekehrt gibt es Ausprägungen emotionaler Teilnahme und Inbesitznahme, die der Korrektur durch die Kraft ordnender Rationalität und kritischer Distanziertheit bedarf.

*Seelenbilder*

Auf die Frage nach der psychischen Instanz, die den erforderlichen Ausgleich zu schaffen angelegt ist, hat C. G. Jung mit der Vorstellung des sogenannten Seelenbildes geantwortet.

«Seelenbild» ist die Bezeichnung für eine allgemeine menschliche Erfahrung, genauer für den Grund einer wesentlichen menschlichen Erfahrung. Denn dieses Seelenbild – von Jung Anima beziehungsweise Animus benannt – ist wie jeder Archetypus von Natur aus unbewußt. Es muß als zur Ganzheit der Psyche gehörig erst bewußtgemacht werden. Dieser Prozeß der Bewußtmachung des im Unbewußten schlummernden Seelenbildes stellt eine wichtige Etappe auf dem Wege der Selbstwerdung und der Persönlichkeitsreifung dar. In der Analytischen Psychologie wird dieser Vorgang «Individuation» genannt. Es heißt soviel wie: das eigentliche Selbst finden; die eigene Existenz mit allen Licht- und vor allem Schattenseiten annehmen. Es heißt weiter: die normalerweise noch unbekannte Innenseite des eigenen Wesens bis zu einem gewissen Grade kennenlernen und dann auch diesem Selbstverständnis gemäß zu leben.

Die Begegnung mit der Gestalt des Seelenbildes ist also ein bedeutsamer Bestandteil des Individuationswegs. Jung spricht von der sogenannten Anima, wenn es sich um die unbewußte Seite des Mannes handelt. Sie ist gegengeschlechtlicher Natur, also weiblich. Das wird in Träumen deutlich, wenn derartige Anima-Figuren auftauchen, die bald eine faszinierende, bald eine Furcht und Schrecken erzeugende Wirkung auf den Träumer ausüben können.

So kann die Anima in ihrem positiven Aspekt inspirierendanregende und kreative Impulse vermitteln. Die Beschaffenheit dieses Seelenbildes zeigt die innerpsychische Verfassung des Betreffenden an, auch wenn die im Traum auftauchenden Figuren auf irgendwelche äußere weibliche Gestalten zu verweisen scheinen. Von daher gesehen ist die große Vielfalt der Erscheinungsformen der Anima verständlich. Man muß nur auf seine eigenen Träume achten, um sich dieser Erscheinungen bewußt zu werden. Analogerweise gilt, daß das Seelenbild der Frau, der Animus, männliche Züge trägt. Emma Jung, die ebenfalls psychotherapeutisch erfahrene Gattin des Tiefenpsychologen, hat sich hierzu geäußert. In einem Beitrag zum Problem des Animus heißt es:

«In uns macht sich zeitweise ein uns fremder Wille bemerkbar, der das Gegenteil von dem tut, was wir selbst wollen oder gutheißen. Es ist nicht notwendigerweise das Böse, das dieser andere Wille tut, sondern er kann auch das Bessere wollen und wird dann als führendes oder inspirierendes höheres Wesen empfunden, als Schutzgeist oder Genius im Sinne des sokratischen Daimónion.»

In diesem Sinne trägt jeder Mann das Bild der Frau in sich. Es ist nicht das einer bestimmten Frau, sondern des Weiblichen, wie es ihm zuerst in seiner eigenen Mutter begegnet ist. Darüber hinaus aber gewinnt er Anteil an dem Weiblichen schlechthin. Einerseits ist es der Elementarcharakter des Weiblichen als Inbegriff des Lebens. Andererseits ist es je nach der Bewußtseinsentwicklung des Betreffenden das «Ewig-Weibliche», das Goethe in seinem «Faust» preist und in seinem Gedicht «Selige Sehnsucht» als ein Mysterium im Zusammenhang mit dem Geheimnis des «Stirb und Werde» besingt. In einem noch unveröffentlichten Seminarbericht über Nietzsches Zarathustra hat Jung über den Elementarcharakter des Seelenbildes, wie der Mann es erlebt, folgendes gesagt:

«Die Anima ist der Archetypus des Lebens... Denn das Leben kommt zum Mann durch die Anima, obwohl er der Ansicht ist, es käme zu ihm durch den Verstand. Er meistert das Leben durch den Verstand, aber das Leben lebt in ihm durch die Anima. Und das Geheimnis der Frau ist, daß das Leben zu ihr durch die geistige Gestalt des Animus kommt, obwohl sie annimmt, es sei Eros, der ihr das Leben bringt. Sie meistert das Leben, sie lebt sozusagen habituell durch den Eros, aber das wirkliche Leben, bei dem sie auch Opfer ist, kommt zur Frau durch den Verstand, der in ihr durch den Animus verkörpert ist.»

*Konkretionen*

Nun steht außer Frage, daß mit dem Archetypus im allgemeinen, mit dem gegengeschlechtlichen Seelenbild im besonderen ein überaus komplexer seelischer Faktor berührt ist. Zu der schon angeführten Schwierigkeit des Umgangs mit diesen Tatbeständen der menschlichen Psyche kommt die Beobachtung hinzu, daß Anima beziehungsweise Animus zu jenen Faktoren gehören, die in der Regel auf andere Personen projiziert werden. Das geschieht jedenfalls, solange einem nicht bewußt ist, daß die innere Weiblichkeit des Mannes ebenso wie die innere Männlichkeit der Frau zur Ganzheit des Menschseins hinzugehört. So ist es beispielsweise von geradezu schicksalhafter Bedeutung, daß der Mann die ihm eigene, jedoch meist uneingestandene Weiblichkeit seines Seelenbildes zuläßt. Das heißt, daß er die Fesseln eines angeblich «typisch männlichen» Rollenverhaltens in dieser immer noch betont patriarchalisch geprägten Gesellschaft sprengt.

Die unbewußte innere Weiblichkeit zulassen, heißt beispielsweise: Gefühle eingestehen, Schwächen eingestehen, nicht in jeder Hinsicht den «starken Mann» spielen wollen, auf Feindbilder verzichten. Das heißt weiter: die einseitige Dominanz des vielgepriesenen Sachverstandes dadurch ergänzen, daß man die Dimension des Lebens, die Dimension des Zwischenmenschlichen zum Zuge kommen läßt und sich im weitesten Sinn des Wortes in Dialogfähigkeit einübt. Wo der «Herr im Hause»- und der «Selbst ist der Mann»-Standpunkt aufgegeben oder zumindest reduziert wird, kann Beziehung wachsen. Die Andersartigkeit und das Lebensrecht des anderen kommt in Sicht.

Heute wissen wir, daß diese von Jung dem Eros-Prinzip zugeordneten Tugenden gepflegt werden müssen, wenn die Überlebenschancen der Menschheit wachsen sollen. Eine Mentalität, die sich in Drohgebärden äußert, die auf Vormacht setzt und Durchsetzung um nahezu jeden Preis anstrebt, verringert nicht, sondern vergrößert die Unsicherheit. Das wird heute von immer mehr Menschen erkannt.

Seit geraumer Zeit wird von verschiedenen Seiten her auch die Notwendigkeit einer ganz neuen Einstellung zum Leben eingesehen. Eingesehen wird, zu welchen verheerenden Resultaten ein Denken geführt hat, das lediglich materialistischen und positivistischen Gesetzen folgt. Dabei ist es bemerkenswert, daß die ausbeuterische, vergewaltigende Haltung der Natur gegenüber mit einer generellen Geringschätzung der Frau einhergegangen ist. Macht man sich klar, daß beide Male der Archetypus des Weiblichen im Spiele ist, dann kann man über die innere Korrespondenz der beiden Seinsbereiche nicht länger überrascht sein. Man muß weder einer neuheidnischen Naturvergötzung noch einem reaktionären Feminismus huldigen, um zu wissen, daß eine Neuorientierung, nämlich die Reintegration des Weiblichen unumgänglich geworden ist. Ansätze eines Umdenkens, hie und da auch eines praktischen Umschwenkens, zeichnen sich ab.

Zur Veranschaulichung wurde bereits auf das Taigitu-Zeichen der chinesischen Tradition hingewiesen, in dem sich das männliche Yang und das weibliche Yin zu einer Ganzheit zusammenschließen. Diese Ganzheitsvorstellung findet weltweite Verbreitung. Man muß im übrigen nicht in die fernöstliche Symbolik ausweichen, um ein Leitbild für die eigene Orientierung zu finden. Nicht zu leugnen ist freilich, daß das kirchliche Christentum in seiner fast zweitausendjährigen Geschichte dem patriarchalen Wertsystem und Machtprinzip in verhängnisvoller Weise Vorschub geleistet hat, angefangen beim Gottesbild bis hin zur Diskreditierung der Frau, sei es in brutaler oder in sublimer Form. Es erübrigt sich, dies durch Beispiele eigens zu belegen.

Und doch hat sich der Archetypus der Ganzheit beziehungsweise des zur Ganzwerdung führenden Weiblichen immer wieder geregt, trotz dogmatischer Festlegung oder durch Einengung von seiten der kirchlichen Amtsinhaber oder Ordnungshüter. Vom Archetypus Ergriffene nehmen es gegebenenfalls auf sich, als Ketzer oder Schwärmer diffamiert und verfolgt zu werden.

## Androgynität

Eine solche heterodoxe, vom Archetypus der Ganzheit bestimmte Vorstellung ist die der *Androgynität*. Der Begriff leitet sich vom Griechischen ‹anèr› (Mann) und ‹gyné› (Frau) ab und besagt, was die jüdische Mystik so ausdrückt: «An einem Ort, wo sich ein Männliches und ein Weibliches nicht vereinigt findet, schlägt der Allheilige seinen Wohnsitz nicht auf.»

Zweifellos geht es in der jüdischen Mystik in erster Linie um die Einheiligung des ehelichen Lebens, also um praktizierte Kabbala. Kein Lebensbereich, schon gar nicht das geschlechtliche Leben darf als Ort der Vereinigung von Mensch und Gott ausgenommen sein.

Überaus bemerkenswert ist es nun, wie die Androgyn-Idee in der nachreformatorischen Zeit, vornehmlich in der protestantischen Mystik, um sich greift und bestimmte Menschen fasziniert.

An erster Stelle und für viele andere ist der Görlitzer Schuster Jakob Böhme zu nennen. Wie kein anderer wurde er zu Beginn des 17. Jahrhunderts vom Blitz der Androgyn-Imagination getroffen, so daß er von der männlich-weiblichen Geistgestalt des Urmenschen Adam Zeugnis geben konnte. Böhme spricht nicht nur von den beiden Tinkturen oder Essenzen Feuer und Licht, männlich und weiblich, von ihrer ursprünglichen harmonischen Verbindung und ihrer Aufspaltung, sondern auch von der Wiederherstellung. In seiner Schrift «Vom dreifachen Leben des Menschen» heißt es einmal:

«So sehnet sich nun die Natur nach dem Ewigen ... und also urständet das heftige Begehren in dem weiblichen und männlichen Geschlechte aller Kreaturen, daß sich eines nach dem andern sehnet zu vermischen; denn der Leib verstehet das nicht, auch die Geist-Luft nicht, allein die zwei Tinkturen, männliche und weibliche, verstehen das.»

Das Sehnen und Verlangen nach der Überwindung der Aufspaltung des Menschen in die beiden Geschlechter ist letztlich deshalb so stark, weil der Protestant Böhme das Ewigweibliche in sein Gottesbild rückt. Das geschieht in der Gestalt der göttlichen Sophia, der schöpferischen, mit Erlöserqualitäten ausgestatteten Weisheit Gottes, – ein überaus erstaunlicher Vorgang, wenn man bedenkt, daß das orthodoxe Judentum und Christentum das Weibliche aus der Gottesvorstellung in Dogma und Ritus streng verbannt hielten.\*

Es entspricht freilich dem Wesen eines Archetypus, daß er sich konstelliert und vom Unbewußten her aktiv wird, wenn das Bewußtsein in Gestalt der kirchlichen Lehrbildung eine derartige Kompensation besonders nötig hat. Ernst Benz, der sich als Kirchenhistoriker und Geistesgeschichtler um die Zusammenschau der verschiedenen Androgynvorstellungen verdient gemacht hat, resümiert, «... daß das Problem der androgynen Ganzheit des Menschen immer wieder spontan im Bereich der Mystik auftaucht, daß es sich hier um einen universalen Archetypus menschlicher Anschauung handelt, der sich nicht unterdrücken läßt, sondern in immer neuen Erfahrungen hervortritt.

In einer spiritualisierten Form kehren im Bereich der christlichen Mystik viele archaische Formen und Vorstellungen vom androgynen Urmenschen und gleichzeitig von der androgynen Beschaffenheit Gottes wieder und brechen auf einer höheren Ebene spontan in immer neuen Abwandlungen durch. Die androgyne Ganzheit wird Symbol der ursprünglichen Vollkommenheit, Schönheit und Macht des Geist-Menschen und gleichzeitig Modell seiner zukünftigen Herrlichkeit.»

---

\* Vgl. Jakob Böhme: Christosophia. Hrsg. von Gerhard Wehr. Frankfurt/M. 1992.

*Auf dem Weg zu einem neuen Gottesbild*

Zwischen jenem Urbild und dem Zielbild der menschlichen Bestimmung liegt das Spannungsfeld eines vielfältigen Ringens und Leidens um die Wiedergewinnung des Verlorenen: im Verhältnis von Mann und Frau, aber auch in der Beziehung des in sich gespaltenen Menschen und der geschundenen Natur. Wie immer man den einzelnen Aktionen und feministischen Rebellionen gegenüberstehen mag, in einem hat die sogenannte feministische Theologie sicherlich recht: Bislang hat das traditionelle, aus dem Patriarchat stammende Gottesbild als religiöses Richtmaß unumschränkte Gültigkeit. Bisher hat es die christliche Theologie in ihrer Gesamtheit versäumt, ein Gottesbild zu formulieren, das der polaren Einheit des Männlichen und des Weiblichen auf der göttlichen Ebene gerecht wird, so daß daraus ethische Konsequenzen gezogen werden können.

Der etwaige Hinweis auf die hohe Einschätzung Marias innerhalb des Katholizismus wirft eher neue Fragen auf. Wohl ging C. G. Jung so weit, in der Dogmatisierung der leibhaftigen Himmelfahrt Mariens das bedeutendste Ereignis seit der Reformation sehen zu wollen. Das läßt aber nicht über die Tatsache hinwegsehen, daß die Frau gerade in der römisch-katholischen Kirche von der Ausübung priesterlicher Funktionen ausgeschlossen bleibt. Infolge des nach wie vor aufrechterhaltenen Zölibatszwanges ist die ganzheitliche Begegnung zwischen Mann und Frau innerhalb des katholischen Priestertums unmöglich gemacht. Selbst in für Frauen so existentiellen Lebensfragen wie der Geburtenregelung und der Familienplanung ist der weibliche Mensch an Satzungen gebunden, die von einer exklusiven, von Zölibatären bevormundeten Männergesellschaft diktiert werden. Rebellion kündigt sich an.

Stellt man daneben, wie die Frage nach Emanzipation und

nach feministischer Selbstbestimmung im Protestantismus behandelt wird, dann sind die Probleme trotz mancher flexiblerer Handhabung immer noch von erheblichem Gewicht. Festzuhalten ist beispielsweise, daß die vornehmlich an der Bibel sich orientierenden Kirchen durch eben diese Schrift-Grundlage und deren einseitige Auslegung gebunden sind. Die Theologin und Tiefenpsychologin Maria Kassel merkt hierzu an:

«Die gesamte biblische Überlieferung, die alt- wie die neutestamentliche, ist nämlich nahezu ausschließlich aus der männlichen Psychologie heraus geformt... Die einseitig männliche Psychologie hat sich auch in den Texten niedergeschlagen, in denen Frauen im Mittelpunkt stehen... Das Animaproblem erscheint infolgedessen in der Bibel in vielfachen Variationen, denn es ist ein zentrales Thema der männlichen Psychologie... Die exemplarischen biblischen Individuationssituationen sind deshalb einseitig, ein Tatbestand, der dem archetypischen Verständnis von Glauben als dem höchsten integrierenden Faktor des Menschwerdungsprozesses entgegensteht.»

Solche Äußerungen geben zu denken. Vor allem regen sie dazu an, auch andere Bereiche des kulturellen und gesellschaftlichen Lebens einmal von daher zu betrachten. Gemeint ist die vieldiskutierte Tatsache, daß sich auf nahezu allen Feldern unserer Zivilisation jene einseitige männliche Psychologie beherrschend auswirkt.

*Dem eigenen Seelenbild auf der Spur*

Die Phänomene konkreter Benachteiligung und Geringschätzung, die der Unterdrückung oder der Ausschaltung weiblichen Denkens und Empfindens sind gemeinhin bekannt. Indes wird noch viel zu wenig bedacht, daß es sich hierbei nicht allein um die gesellschaftlich-mitmenschliche Rolle der Frau handelt.

Nimmt man die Einsichten der modernen Tiefenpsychologie ernst, dann ist in dem spannungsvollen Rivalitätsverhältnis von Mann und Frau immer auch das Anima-Problem des Mannes im Spiel, – analogerweise natürlich auch das Animus-Problem der Frau, wenn man an gewisse Reaktionen des heutigen Feminismus denkt. Auf den Mann bezogen heißt das eben die Vernachlässigung und Mißachtung der unbewußten inneren Weiblichkeit des Mannes durch ihn selbst; – die Vernachlässigung der unbewußten Gefühls- und Empfindungsseite durch das von Zweckrationalität bestimmte bewußte Alltags-Ego.

Ohne an dieser Stelle näher auf die Frage einzugehen, was praktisch zu geschehen habe, damit der Prozeß einer ganzheitlichen Menschwerdung des Menschen fortschreiten kann, sei auf eine persönliche Erfahrung C. G. Jungs hingewiesen: Seinen Schülern und Studenten erzählte er einmal, wie er seiner Anima auf die Spur gekommen sei:

Da gab es eine Frau, an der er sehr interessiert war. Diese Frau verhielt sich aber ganz anders, als er erwartet hatte. Das irritierte ihn; er war von ihr und ihrem Verhalten enttäuscht. Aber statt – nach Männerart, könnte man sagen – davonzulaufen und «die Sache», ja die Frau als bloßes sachliches Problem, auf sich beruhen zu lassen, ging er nach Hause und dachte nach: Warum zum Teufel hab ich von ihr anderes erwartet, als sie offenbar tatsächlich zu geben vermag? – Da ging dem Psychologen auf, daß er ein ganz bestimmtes Idealbild von einer Frau in sich trägt, das er auf die konkrete Frau projiziert, ein unbewußt ablaufender Vorgang. Marie-Louise von Franz, die dieses Erlebnis ihres Lehrers mitgeteilt hat, fügt hinzu:

«Das ließ Jung einen Schritt in der Realisierung seiner Anima vorankommen. Wenn deshalb eine Frau immer die von ihr erwartete Rolle spielt, hält sie ihren Mann davon ab, das innere Bild, seine Anima zu erkennen. Aber da Frauen wissen, daß viele Männer, sobald sie sich abweichend von deren Gefühlserwartungen verhalten, sie einfach fallenlassen, gehen sie das Risiko natürlich nicht gern ein. Solche Frauen geraten dann in einen Konflikt zwischen ihrer eigenen inneren Aufrichtigkeit und dem Risiko des Verlustes der Beziehung; dann beginnt das Ränkeschmieden...»

Diese Überlegungen haben uns von der universalen Wirkmacht des Archetypus zu den ganz persönlichen Lebensproblemen geführt, von den Leit- und Zielbildern der Menschheit zu den Schwierigkeiten und Irritationen des Alltags, von der Idee zu Wirklichkeit und Wirkung der Archetypen. Wie immer man zu den Theorien der Tiefenpsychologie im einzelnen stehen mag, zweifellos stellt die Urbildlehre C. G. Jungs eine Erkenntnishilfe dar, deren Bedeutung schwerlich zu überschätzen ist.

# Leben heißt Veränderung

Individuation als Weg
menschlicher Selbstwerdung

Im Auf und Ab menschlicher Bewußtseinsgeschichte und Kulturentwicklung ist immer wieder ein sich wiederholender Vorgang zu beobachten: Nach Zeiten einer betonten Hinwendung an die Rationalität und an die Gestaltung der äußeren Welt macht sich eine Tendenz nach innen bemerkbar. Eine solche Umkehr der Sichtweise muß sich nicht auf allen Ebenen des Lebens vollziehen. Dennoch tritt sie deutlich genug in Erscheinung. Das war beispielsweise in den letzten Jahren der Fall, als man geradezu von einer religiös-mystischen Welle sprach, als ein Psychokult mit vielfältiger Schattierung um sich zu greifen begann und als man sich anschickte spirituelle Erfahrung aller Art zu suchen und zu erproben.

## *Selbstkonfrontation*

Gewiß, Wellen kommen und verebben; Modeerscheinungen haben ihre Zeit, freilich auch ihre Wiederkehr. Und doch wird man den genannten Phänomenen nicht schon dadurch gerecht, daß man sie allein als Äußerungsformen einer wechselhaften Interessenlage zu deuten sucht. Sollte es nur die bald zu stillende Neugierde für eine exotisch anmutende Spiritualität oder die Faszinationskraft eines Meisters oder Gurus sein, durch die Menschen in Bewegung kommen?

Sieht man genauer hin, dann kommen altbekannte, stets aktuelle Fragen zum Vorschein. Und diese Fragen lauten etwa: Wer bin ich eigentlich? Was will ich? Welchen Weg soll ich gehen? Kann ich die eingeschlagene Route weiter verfolgen oder ist eine Richtungsänderung, eine Umkehr geboten? Welchen Sinn hat mein Leben? Was bleibt mir zu hoffen?

Diese und ähnliche Fragen mögen eine individuelle Färbung bekommen, je nach dem Augenblick, in dem sie gestellt werden. Eines aber ist klar: wer so fragt, für den hat ein Prozeß der Selbstkonfrontation begonnen. Er ahnt, daß er eine Antwort finden muß, indem der diesem rätselhaften, unbekannten Selbst standhält. Vor allem wird ihm deutlich, daß ihm kein anderer diese Auseinandersetzung abnehmen kann. Eine Stellvertretung ist ausgeschlossen.

Der Zeitpunkt, in dem dieser Prozeß der Selbstbegegnung und der Selbstwerdung in Gang kommt, kann von Mensch zu Mensch recht verschieden sein. Für ungezählte junge Menschen bricht diese existentielle Problematik schon heute auf, während die Tiefenpsychologie insbesondere auf den Wendepunktcharakter der Lebensmitte verweist. Dabei ist an die Zeit zwischen dem 30. und 40. Lebensjahr gedacht.

Die Einsicht aber in das Wesen der Lebenszeit und der menschlichen Lebensalter, auch das Wissen, daß Reife mit einem Wandlungsgeschehen zu tun hat, ist uralt. Hören wir auf Heraklit, den «dunklen» Weisen von Ephesus:

«Lebendes und Totes,
Wachsendes und Schlafendes,
Junges und Altes
sind eins.
Denn das eine
wandelt sich ins andere
und das andere
zurück in das Vorige.»

Verweilen wir noch einen Augenblick bei der abendländischen Geistesgeschichte, ehe wir uns der individuellen Fragestellung zuwenden; es zeigt sich, daß das Thema der Selbstwerdung seit der Frühzeit der europäischen Philosophie erörtert wird. Seit den Tagen des Aristoteles und des Neuplatonikers Plotin, seit Augustinus und der spätantik-patristischen Zeit ist das Problem der Individuation in zahlreichen Ausgestaltungen präsent. Es wird unter verschiedenen Gesichtspunkten diskutiert. Und wenn der junge Leibniz in seiner «Disputatio metaphysica» im Jahre 1663 die Formel prägt: «Individuum seipsum individuat» – das Individuum selbst führt seine Selbstwerdung herbei – so kann man darin mit Hans Blumenberg zumindest dem Wortlaut nach die Aufarbeitung der ganzen Tradition des Individuationsproblems ausgedrückt sehen.

Das Wirkliche erscheint durch sich selbst individuell. Das sogenannte principium individuationis, nach dem das Allgemeine in den Status des Besonderen eintritt und damit die Wesenheit des einzelnen bildet und begründet, gehört daher als Problem zum Grundbestand der abendländischen Philosophie- und Geistesgeschichte, wobei die Konfrontation von Individuum und Gesellschaft, von privater und sozialer Existenz immer bedrängender empfunden wird.

*Individuation als Thema der Psychologie*

Vor diesem ideengeschichtlichen Hintergrund gesehen, aber auch angesichts der individuellen Problematik jedes einzelnen Menschen bedarf es keiner besonderen Begründung, weshalb der Individuationsbegriff in der modernen Tiefenpsychologie und Psychotherapie vielfältige Verwendung findet. Die einzelnen Schulrichtungen haben sich teils mit ähnlicher, teils mit unterschiedlicher Terminologie und inhaltlicher Bestimmung mit der Individuationsthematik beschäftigt. Hierfür nur einige Beispiele:

Während Otto Rank zu Beginn der zwanziger Jahre unseres Jahrhunderts von «Individualisation» spricht und die in der Kindheit verlaufende Entwicklung als einen Gang zur Selbstfindung versteht, bedient sich Erich Fromm der vor allem von C. G. Jung her bekannten Begriffe wie «Selbst» und «Individuation», gelangt damit jedoch zu einer eigenen Begriffsbestimmung, die ihrerseits wieder zu bestimmten praktischen Folgerungen führt.

Nach Fromm findet der Individuierende zu sich selbst, indem er sich aus den vorgegebenen natürlichen und sozialen Bindungen herauslöst und zur Verwirklichung der Freiheit mit all ihren Risiken durchstößt. Was dem einzelnen Menschen auf diesem seinem Individuationsweg widerfährt, wenn er die Sicherheit der bisherigen Bindungen zugunsten der Ungesichertheit des individuellen Wagnisses preisgibt, das spiegelt sich im größeren gesellschaftlichen Zusammenhang in historischen Abläufen wider, etwa im Prozeß einer zunehmenden Mündigwerdung. Die Emanzipationsbestrebungen der Neuzeit lassen sich von daher verstehen.

## *Selbstwerdung nach C. G. Jung*

In der Analytischen Psychologie von Carl Gustav Jung stellt die Individuation schließlich einen – wenn nicht den – zentralen Begriff dar, der insbesondere eine auf die Selbsterkenntnis und Selbstverwirklichung bezogene und eine psychotherapeutische-praktische Bedeutung gewinnt. Jung geht davon aus, daß jeder über eine Art Lebensmuster verfügt, über eine angeborene Möglichkeit, sich selbst zu verwirklichen. Dabei bleibt zunächst offen, ob man dieses seines Lebensmusters voll bewußt wird und die veranlagten Lebensmöglichkeiten nutzt oder ob die Selbstverwirklichung außer acht bleibt,

etwa als ein unbewußt verlaufender oder auch scheiternder Wachstumsprozeß. Jung hat diesen Vorgang so beschrieben:
«Individuation bedeutet: zum Einzelwesen werden und, insofern wir unter Individualität unsere innerste, letzte und unvergleichbare Einzigartigkeit verstehen, zum eigenen Selbst werden. Man könnte ‹Individuation› darum auch als ‹Verselbstung› oder als ‹Selbstverwirklichung› übersetzen.»

Formulierungen wie diese legen mancherlei Mißverständnisse nahe. Ihnen sucht Jung entgegenzutreten, indem er seinen Selbst-Begriff erläutert. Daraus ergibt sich, das «Selbst» weder mit «selbstischem» Egoismus noch mit Individualismus verwechselt werden darf. Jung grenzt folgendermaßen ab:

«Individualismus ist ein absichtliches Hervorheben und Betonen der vermeintlichen Eigenart im Gegensatz zu kollektiven Rücksichten und Verpflichtungen. Individuation aber bedeutet geradezu eine bessere und völligere Erfüllung der kollektiven Bestimmung des Menschen, indem eine genügende Berücksichtigung der Eigenart des Individuums eine bessere soziale Leistung erhoffen läßt, als wenn die Eigenart vernachlässigt oder gar unterdrückt wird.»

«Individuation kann daher nur einen psychologischen Entwicklungsprozeß bedeuten, der die gegebenen individuellen Bestimmungen erfüllt, mit anderen Worten: den Menschen zu *dem* bestimmten Einzelwesen macht, das er nun einmal ist. Damit wird er nicht ‹selbstisch› im landläufigen Sinne, sondern erfüllt bloß seine Eigenart, was – wie gesagt – von Egoismus oder Individualismus himmelweit verschieden ist.»

Ja, man kann sagen: Die echte Individuation verlangt vom Menschen die Bereitschaft, die oftmals überhöhten Ansprüche und Erwartungen seines Alltags-Ich zugunsten einer übergeordneten Instanz – nämlich zugunsten der Instanz seines wahren Selbst – aufzugeben, zu verzichten, ohne jedoch seine Identität zu verlieren. Um was geht es demnach?

*Ein lebenslanger Prozeß*

Machen wir uns einmal klar, daß die Zeit nicht nur das nach Stunden und Jahren zu messende, das mit der Uhr oder mit dem Kalender zu bestimmende Wesen ist. Zeit, namentlich unsere Lebenszeit, stellt eine Qualität dar, die freilich auf eine sehr unterschiedliche Weise zu erleben ist. Kennen wir nicht Augenblicke, die verweilen sollten, Tage, die nie vergehen dürften, aber auch Momente, wo die Zeit zur Ewigkeit zu werden droht? Für den Qualitätscharakter der Zeit spricht vieles. So wissen wir einerseits seit Sigmund Freud, wie sehr Kindheitserlebnisse das ganze folgende Leben prägen können, zum Positiven wie zum Negativen. Andererseits nimmt – erfreulicherweise – die Einsicht zu, daß auch spätere Phasen von entscheidender Bedeutung sein können und daß man sich auf sie entsprechend einstellen muß.

Eine solche Phase ist zweifellos jene des mittleren Alters. Nennen wir sie die Zeit, in der der Abschied von den Jugendträumen unaufschiebbar geworden ist. Eine Wende kündigt sich an. Nicht selten sind die Jahre um die Lebensmitte von einer tiefgreifenden Krise begleitet, die einen Menschen aus dem Gleichgewicht zu werfen vermag. Hierfür nur einige Symptome:

Es stellen sich bis dahin ungeahnte Schwierigkeiten ein. Der geliebte Ehepartner beginnt unerträglich zu werden. Der Beruf mit seiner alltäglichen Routine ödet einen an. Man möchte alles «hinwerfen» und «ausbrechen». Ein beklemmendes Gefühl der Leere und der Sinnlosigkeit breitet sich aus. Fluchtwege werden gesucht und erprobt, etwa riskante Abenteuer, Alkohol oder Arbeitswut.

Was ist eigentlich geschehen? Handelt es sich bei diesen und ähnlichen Symptomen lediglich um die seelischen Begleiterscheinungen für ein merkliches Nachlassen der körperlichen Fähigkeiten? Resultiert die schleichende Angst nur aus der Tatsache, daß ein Berufswechsel für einen Vierzig- oder gar Fünfzigjährigen erheblich schwieriger, wenn nicht aussichtslos wird?

## Die zweite Lebenshälfte

Es ist nicht zu leugnen, daß Enttäuschungen im beruflichen wie im privaten Leben während der zweiten Lebenshälfte eine ganz andere Note bekommen, als es zuvor der Fall gewesen ist. Der Gedanke der Endgültigkeit läßt sich nicht abweisen. Die Krisenstimmung, die dieser Gedanke hervorruft, wiegt vor allem dort schwer, wo unbewußte Omnipotenzgefühle gehegt wurden und wo man – ebenfalls unbewußt – nach der suggestiven Formel verfuhr: Es geht mir auch in Zukunft von Tag zu Tag immer besser. Um so bestürzender wirkt sich die Einsicht in die eigene Sterblichkeit aus. Das Wissen um die «Grenzen des Wachstums» bekommt unversehens eine unerhört existentielle Note.

Was ist zu tun, wenn man eingesehen hat, daß sich auch das Rad der eigenen Lebensgeschichte nicht zurückdrehen läßt?

Anfangs versuchen viele in dieser Krisensituation das Heraufdämmern dieser Einsicht zu verleugnen und die Gefühle der Trauer oder des Niedergeschlagenseins vor sich selber zu verbergen. Man redet sich vielleicht auch ein, verglichen mit dem oder jenem sei man doch der weitaus Vitalere, Jugendlichere; man nehme es noch mit den Jungen auf – und wie dergleichen Aus- und Einreden heißen mögen.

Eines ist wohl richtig: Während wir über die Psychodynamik der ersten Lebensjahrzehnte von der frühen Kindheit bis zum Erwachsenenalter eingehend informiert sind, nimmt sich unser Wissen, das zur Bewältigung der zweiten Hälfte erforderlich wäre, vergleichsweise kümmerlich aus. C. G. Jung hat einmal darauf hingewiesen, daß es so etwas wie eine

Schule für Vierzigjährige geben sollte. Denn auf den Eintritt in Schule und Beruf, ja selbst auf Ehe und Familienleben wird man, aufs Ganze gesehen, hinlänglich vorbereitet. Dagegen sei man in der Regel völlig auf sich gestellt, wenn die einmal ins Auge gefaßten Ziele erreicht sind, vor allem wenn die Sonnenbahn der eigenen Biographie im Zenit steht und jede weitere Lebensstunde einen Abstieg bedeutet, der Abenddämmerung und der Nacht entgegen.

### Der Weg zum wahren Selbst

Es ist nun das besondere Verdienst von Carl Gustav Jung, das menschliche Leben als den Prozeß einer ständigen Veränderung aufgezeigt und erforscht zu haben, wobei das Ziel dieser Veränderung als die Individuation oder Selbstwerdung bezeichnet werden kann. Gemeint ist die individuelle Persönlichkeit, das wahre Selbst. Nun müssen wir uns klarmachen, was darunter zu verstehen ist, denn im alltäglichen Sprachgebrauch ist mitunter – nach der Parole: Selbst ist der Mann – von einem «Selbstbewußtsein» die Rede, das von der individuellen Einmaligkeit, die jeder einzelne verkörpert, sehr weit entfernt ist. Selbstbewußt in diesem Sinne nennen wir – oberflächlicherweise – bereits einen Menschen, der sein Wissen oder Können, seine fachliche Kompetenz und seine soziale Stellung in den Vordergrund rückt. Es läßt sich aber leicht einsehen, daß hierbei eher nur die nach außen gewandte «Persona», die Maske, das Rollenbild sichtbar wird, während die Mitte und der eigentliche Kern der Persönlichkeit dagegen völlig verborgen bleibt. Für Jung ist das Selbst Wesensausdruck der menschlichen Ganzheit. In seinem grundlegenden Buch über «Die Beziehungen zwischen dem Ich und dem Unbewußten» drückt er das Gemeinte so aus: «Das Selbst ist eine dem bewußten Ich übergeordnete Größe. Es umfaßt nicht nur die bewußte, sondern auch die unbewußte Psyche und ist daher sozusagen eine Persönlichkeit, die wir *auch* sind.»

Dieses im Zitat hervorgehobene «auch» besagt: Über der Tatsache, daß wir im gesellschaftlichen Zusammenhang eine Vielzahl von Rollen zu übernehmen haben – etwa als Konsument, Patient, Wähler, Arbeitnehmer, Vorgesetzter und so weiter – dürfen wir nicht vergessen, daß sich unser Menschsein darin noch keinesfalls erschöpft. Wir sind «auch» und in erster Linie der individuelle Mensch, den keine Rolle, kein sozialer Status oder psychologischer Typus in seiner Einmaligkeit darzustellen vermag. So gesehen ist es ganz folgerichtig, wenn Jung die Bewußtmachung – oder sagen wir vorsichtig: die weitgehende Bewußtmachung dieses wahren Selbst als eine Lebensaufgabe ansieht. Denn einschränkend fährt er fort:

«Es besteht keine Hoffnung, daß wir je auch nur eine annähernde Bewußtheit des Selbst erreichen, denn, soviel wir auch bewußt machen mögen, immer wird noch eine unbestimmte und unbestimmbare Menge von Unbewußtem vorhanden sein, welches mit zur Totalität des Selbst gehört.»

Damit ist auf die Grenzenlosigkeit und Unauslotbarkeit des Unbewußten und der Psyche als solche gedeutet. Wir müssen diesen Gedanken an dieser Stelle nicht weiter verfolgen.

Sehr viel wichtiger ist dagegen der Gesichtspunkt psychischer Totalität, die dadurch Ganzheit verkörpert, daß im Selbst die Gegensätze von bewußt und unbewußt, von innen und außen, auch von positiv und negativ, nicht zuletzt von männlich und weiblich vereinigt sind. Wenn unser alltägliches Ich im Mittelpunkt unseres Bewußtseins ist, dann darf das Selbst als Mitte und Umfang seelischer Ganzheit angesehen werden. Oder unter anderem Gesichtspunkt: «Das Selbst ist auch das Ziel des Lebens, denn es ist der völligste Ausdruck der Schicksalkombination, die man Individuum nennt.»

Aus diesem Grund entspricht die Individuation oder Selbstwerdung einem *Reifungsvorgang*, in dem der Einzelmensch dahin gelangt, die natürliche Entfaltung seiner Ich-Persönlichkeit mit den ihr eigentümlichen Qualitäten des biologischen Wachstums, der Jugendlichkeit und Fruchtbarkeit als die *eine* Seite seelischer Wirklichkeit zu betrachten. Sie gilt es in einem geradezu buchstäblichen Sinn des Wortes zu «er-gänzen», das heißt: ganz werden zu lassen. Aber wie geht das zu?

### *Reifung als Ergänzung*

Wenn der Mensch als Mann wie als Frau die Krise seines Lebens, die Lebensmitte-Krise erlebt und im Tiefpunkt seiner Enttäuschung das vielzitierte Wort spricht: «Das kann doch nicht alles gewesen sein», dann drückt er damit instinktiv-unbewußt aus, was er auf dem Weg einer bewußt durchlaufenen Individuation als eine Erfahrung gewinnen kann, die seinem Leben – gleichsam vom Nullpunkt aus – von neuem Sinn zu geben vermag.

Jung, der das menschliche Leben in dem angedeuteten Sinn mit dem Lauf der Sonne vergleicht, der nach Erreichung des Höhepunktes im Mittag einer Abwärtsbewegung entspricht, betont, daß es ein großer Irrtum sei, anzunehmen, daß der Wert und Sinn des Lebens mit der Jugend- und Mannbarkeitsphase erschöpft sei, denn:

«Der Nachmittag des menschlichen Lebens ist ebenso sinnreich wie der Vormittag; nur sind sein Sinn und seine Absicht andere. Der Mensch hat zweierlei Zwecke; der erste ist der *Naturzweck*, die Erzeugung von Nachkommenschaft und alle Geschäfte des Brutschutzes, wozu Gelderwerb und soziale Stellung gehören. Wenn dieser Zweck erschöpft ist, beginnt eine andere Phase: der *Kulturzweck*. Zur Erreichung des ersten Zieles hilft die Natur und überdies die Erziehung; zur Erreichung des letzteren Zieles hilft uns wenig oder nichts... Die Probleme, die sich in diesem Alter (das heißt in der Zeit der zweiten Lebenshälfte) stellen, sind nicht mehr nach den alten Rezepten zu lösen. Der Zeiger dieser Uhr läßt sich nicht zurückdrehen.»

An dieser Stelle seiner Ausführungen hebt C. G. Jung folgenden Satz hervor: «Was die Jugend *außen* fand und finden mußte, soll der Mensch des Nachmittags *innen* finden.»

Was hier für die persönliche Lebensführung gesagt ist, das läßt sich cum grano salis auf die Situation des Menschen in seinen jeweiligen gesellschaftlich-zivilisatorischen Zusammenhängen übertragen. Eine durch materielle Güter übersättigte Gesellschaft muß sich die Herausforderung derer gefallen lassen, die durch Verzicht, durch humanitären Einsatz für andere, nicht zuletzt durch ihr Verlangen nach spirituellreligiöser Erfahrung Zeichen setzen. Und wer in die Geistesgeschichte der Menschheit hineinsieht, der lernt Einrichtungen und Praktiken kennen, mit deren Hilfe man sich eine Initiation, das heißt Eintritt und Einweihung in die Bezirke der anderen Seite der Wirklichkeit zu verschaffen suchte. Hier denke man nur an die Mysterienstätten des Altertums, an die spirituellen Schulungswege des Ostens oder auch an die Vielfalt der Seelenführung im esoterischen Christentum, bis hin zu den meditativen Bestrebungen unserer Tage.

*Kontinuität und Wandel*

Mögen diese Angebote aus Geschichte und Gegenwart nach Geistesart, nach weltanschaulicher und religiöser Orientierung oft stark differieren, in einer Hinsicht weisen sie doch gemeinsame Züge auf, nämlich in ihrer Zielsetzung. Denn letztlich ist es auch den Geisteslehrern, Seelenführern, Gurus,

Starzen, Scheiks – und Psychotherapeuten darum zu tun, den Prozeß der Selbstwerdung durch Führung und Geleit, vor allem durch praktische Anregung zur Erlangung eigener Erfahrung zu fördern. Es ist sicher kein Zufall, daß C. G. Jung – ganz abgesehen von seiner ganz persönlichen Persönlichkeits- und Schicksalsstruktur – an vielen Stellen seines Werks auf die spirituelle Tradition in West und Ost gründlich eingeht, um den Erfahrungsschatz von Mystik, Gnosis, Alchimie und östlicher Geistigkeit mit den Einsichten moderner Tiefenpsychologie und Psychotherapie zu vergleichen.

Es ist auch nicht zu übersehen, daß jene traditionellen religiösen oder spirituellen Praktiken in der Psychotherapie eine moderne Entsprechung finden. Die Parallelität kann man sich an dem zentralen Motiv der Wandlung und des Sterbens verdeutlichen.

Es ist bekannt, daß der Initiant der antiken Mysterien Prüfungen standhalten mußte, in deren Verlauf er mit der Realität des Sterbens konfrontiert wurde. Jedenfalls erfuhr er, daß das menschliche Leben sich nicht im Biologischen erschöpft und daß es über das Natürliche, Sterbliche hinausreicht in die Unsterblichkeit. Ihrer will man schon im jetzigen Leben gewiß werden. Von dieser Teilhabe an einem naturgemäß verborgenen Leben weiß auch der Mystiker, der bereit ist, sein Alltags-Ich aufzugeben, in den mystischen Tod hineinzugehen, um Bewußtsein von der Existenz eines unvergänglichen, neuen Lebens zu erlangen. Die Devise lautet:

«Wer nicht stirbt, eh er stirbt,
der verdirbt, wenn er stirbt.»

In seinem «Cherubinischen Wandersmann» gibt der Angelus Silesius Johann Scheffler dieser Überzeugung Ausdruck, wenn er schreibt:

«Ich glaube keinen Tod, sterb ich gleich alle Stunden,
So hab ich jedesmal ein höher Leben funden.»

Und um dieses neue und höhere Leben geht es in der Tat in den mystisch-esoterischen Zusammenhängen. Auch das Postulat des Dichters deutet in die gleiche Richtung: «Du mußt dein Leben ändern!»

Wer dem Tode, dem medizinischen Tode, gerade noch einmal entronnen ist, nach einem Infarkt oder nach einer lebensgefährlichen Erkrankung, der wird der existentiellen Gültigkeit einer solchen Forderung erst voll bewußt. Dabei handelt es sich um ein Thema und um eine Situation, mit der im Grunde jeder fertig werden muß, der die Schwelle der Lebensmitte überschreitet. Wie wir bereits gesehen haben, schenkt Jung in seinen Schriften diesem Problem große Aufmerksamkeit. In einem seiner Aufsätze, betitelt «Seele und Tod», heißt es hierzu:

«Von der letzten Lebensmitte an bleibt nur der lebendig, der mit dem Leben sterben will. Denn das, was in der geheimen Stunde des Lebensmittags geschieht, ist die Umkehr der Parabel, die *Geburt des Todes*. Das Leben der zweiten Lebenshälfte heißt nicht Aufstieg, Entfaltung, Vermehrung, Lebensüberschwang sondern Tod, denn sein Ziel ist das Ende. Seine-Lebenshöhe-nicht-Wollen ist dasselbe wie Sein-Ende-nicht-Wollen. Beides ist: Nicht-leben-Wollen. Nicht-leben-Wollen ist gleichbedeutend mit Nicht-sterben-Wollen. Werden und Vergehen ist dieselbe Kurve.»

Besonders eingängig oder gar sympathisch sind diese Sätze gewiß nicht. Man muß sich schon die Mühe machen, genau hinzuhören, bis einem aufgeht, was die dialektisch-paradox formulierte Aussage vom Leben-Wollen und Sterben-Wollen bedeutet. Und weil schon wiederholt auf das Gleichnisbild vom Sonnenlauf angespielt wurde, kann man nun ergänzen: Es gibt offensichtlich nicht nur jene Lebenslinie, die nach dem

Zenit absinkt, dem biologischen Absterben entgegen. Denn eben darin stimmen jene alten geistigen und religiösen Überlieferungen in West und Ost mit der modernen Tiefenpsychologie überein, daß es noch eine andere Lebenslinie gibt, die nicht die biologisch-naturhaften Vorgänge des Aufstiegs und Abstiegs abbildet, und zwar eine seelisch-geistige. Sie folgt eigenen Gesetzmäßigkeiten.

Der holländische Arzt, Jugendpsychiater und Pädagoge Bernard Lievegoed geht auf diesen Gesichtspunkt näher ein. In seinem Buch «Lebenskrisen – Lebenschancen» zeichnet er die Entwicklung des Menschen zwischen Kindheit und Alter nach. Darin legt er dar, wie die geistige – gemeint ist die spirituelle – Entwicklung des Menschen am Anfang des Lebens mit der Entfaltung und Ausbildung des Ich-Bewußtseins parallel läuft; wie sie sich jedoch zur Lebensmitte hin verselbständigt. Und in dem Augenblick, in dem sich die biologische Kurve nach abwärts zu bewegen beginnt, sei ein entscheidender Punkt erreicht, nämlich der, ob nun auch in geistig-seelischer Hinsicht ein solcher Abstieg folgen müsse oder ob es gelingt, eine innere Kehre – also einen Aufstieg im Geistig-Seelischen zu vollziehen. Daß künstlerisch oder wissenschaftlich kreative Menschen oft erst in der letzten Lebenszeit ihr Werk zu krönen vermögen, ist immer wieder zu beobachten.

Bernhard Lievegoed, der in seinen Arbeiten tiefenpsychologische Resultate mit Einsichten zu verbinden weiß, die er aus der Menschenkunde Rudolf Steiners ableitet, trifft hier folgende bemerkenswerte Feststellung:

«Wer in der mittleren Phase seines Lebens schon Interesse für Kunst, Wissenschaft, Natur oder soziale Tätigkeit entwickelt hat, der wird die große Wende auf seinem Lebensweg nach dem vierzigsten Lebensjahr fast unbemerkt passieren. Er wird jenseits dieser Schwelle die Kraft für sein Leben immer mehr aus einem geistigen Quell schöpfen können. Wer allerdings in der mittleren Phase seines Lebens nur dem persönlichen Erfolg nachgejagt ist, wer alles selbst hat tun wollen, nur von sich selbst ausgegangen ist, alles beiseite geschoben hat, was der Karriere hinderlich war, oder wer sich passiv durch seine Arbeit oder seine Lebensumstände hat leben lassen, der kommt nach dem vierzigsten Lebensjahr in eine existentielle Krise und ist mit Mitte Fünfzig ein tragischer Mensch geworden, der immer nur der guten alten Zeit nachtrauert und sich von allem Neuen bedroht fühlt.»

Und Lievegoed schließt, indem er die leiblich-seelisch-geistige Entwicklung den drei großen Lebensabschnitten zuordnet:

«Der *biologische* Entwicklungsrhythmus prägt am stärksten die Zeit vor dem Erwachsensein. Die *psychische* Entwicklung tritt in ihrer Eigengesetzlichkeit am deutlichsten in der mittleren Lebensphase zutage. Die *geistige* Entwicklung ist für die letzte Lebensphase entscheidend.»

Solche Feststellungen, die ihrem Gehalt nach durch Beobachtungen an psychisch belasteten wie an gesunden Menschen bestätigt worden sind, haben C. G. Jung, aber auch Vertreter anderer Schulrichtungen zur Überzeugung geführt, daß die heute erforderliche Therapie zu erweitern sei. Es genüge nicht, sich ausschließlich pathologischen Erscheinungen zuzuwenden. Man müsse auch Selbsterkenntnis, Wesenswandlung und spirituelle Reifung als eine zentrale Aufgabe moderner Psychotherapie ansehen.

An dieser Stelle sei – um ein Beispiel zu geben – nur an die sogenannte «Initiatische Therapie» erinnert, die Karlfried Graf Dürckheim in Verbindung mit Maria Hippius und einem wachsenden Kreis von psychosomatisch orientierten Mitarbeitern mehr als drei Jahrzehnte ausübte. Der englische Psychotherapeut Gerhard Adler, ein Schüler Jungs, bemerkt zu dieser besonderen, auf Individuation ausgerichteten Aufgabenstellung:

«Die geistige Seite des Menschen wird hierbei ebenso berücksichtigt wie seine rein instinktive; die geistige Seite muß sogar als die in Wirklichkeit entscheidende Erscheinungsform des psychischen Prozesses angenommen werden, weil sie die charakteristisch menschliche ist. Nur wenn man sich klarmacht, daß es nicht Aufgabe der Psychologie sein kann und darf, geistige Probleme zu ‹nichts als› Sexualität, Macht – oder andern Trieben zu reduzieren, sondern diese Probleme als die unvermeidliche und schöpferische Bemühung versteht, eine Antwort auf die Frage nach dem Sinn des Lebens zu finden, kann Psychotherapie ihre eigentliche Funktion erfüllen, nämlich die, sich mit der Totalität des menschlichen Lebens zu befassen.»

*Das Subjekt der Psychotherapie*

Sehen wir uns jetzt einmal genauer an, was unter dieser Totalität oder Ganzheit des menschlichen Lebens in psychologischer Sicht zu verstehen ist. Wir wollen dieser Frage im Blick auf den Individuationsprozeß nachgehen, wie wir ihn seit C. G. Jung kennen.

Wir sprachen ja bereits davon, daß seelische Wirklichkeit über den Bereich des Ich und damit über den Bereich unseres Tagesbewußtseins weit hinausgeht und auch noch die letztlich unabsehbaren Regionen des Unbewußten umschließt. Um es in einem Bild auszudrücken: Dieses überschaubare Feld unseres Ich-Bewußtseins verhält sich zum Unbewußten wie die Spitze eines Eisberges zu der so gut wie unsichtbaren, unter der Wasseroberfläche befindlichen Masse.

Derartige Vergleiche sind freilich mit Vorsicht zu verwenden, weil sie sich ja nicht auf beliebig einsehbare äußere Objekte oder Sachverhalte beziehen, sondern weil der jeweilige Betrachter in sie verwickelt ist. Mit anderen Worten: es ist *seine* Sache, die verhandelt wird; er kann sich, auch wenn er es wollte, von ihr nicht völlig distanzieren. Diese Erfahrung ist auf die Eigenart psychologischer Tatbestände und Begriffe zurückzuführen.

In einer Studie über das Individuationsgeschehen führt Wolfgang Giegerich aus: «Die Besonderheit der Psychologie liegt nämlich darin, daß sie zu ihrem ‹Gegenstand› nicht ein ‹Objekt›, sondern das ‹Subjekt› hat. Dies bedeutet aber, daß sie in Wahrheit überhaupt keinen Gegenstand hat, über den sich ‹objektiv› und intellektuell berichten ließe, sondern daß sie immer uns, als das Subjekt, notwendig und wesenhaft in sich hineinverwickelt. Psychologische Begriffe hat man nie einfach vor sich und sich gegenüber, sondern wir stecken immer schon selbst in den ‹vor› uns liegenden drin, und nur insofern wir in sie verwickelt sind, sind es überhaupt psychologische Begriffe. Daher ist so etwas wie Individuation auch nur zugänglich, wenn man sich darauf einläßt. Es geht also nicht einfach darum, daß wir die Individuation begreifen, sondern genauso wesentlich, ja mehr noch darum, daß sie uns ergreift... Wir müssen in bezug auf das, was in der Psychologie ‹Verstehen› und ‹Begriff› besagen soll, radikal umdenken.»

Von daher erklärt sich die eigentümliche Schwierigkeit, die die Beschäftigung mit unserem Thema verursachen kann.

*Die Bedeutung des kollektiven Unbewußten für die Individuation*

Es wurde schon davon gesprochen, daß Individuation oder Selbstwerdung damit zu tun hat, daß auch die unbewußten Regionen zur Ganzheit des Selbst gehören. Das ist freilich noch eine sehr vereinfachte Redeweise. Eine Differenzierung kann weiterhelfen: Daß das Vergessene, vor allem das nicht Eingestandene, aus irgendwelchen Gründen Verdrängte zum Unbewußten gehört, ist seit langem bekannt und vornehmlich durch die Psychoanalyse Sigmund Freuds erforscht, und zwar bis dahin, daß verdrängte Inhalte so stark mit psychischer Triebenergie besetzt sind, daß sie – in welcher Form auch immer – ins Bewußtsein drängen oder sich bemerkbar machen, und sei es schlimmstenfalls in Gestalt psychischer und körperlicher Leiden.

Nennt man den Gesamtumfang des Vergessenen und Verdrängten das *persönliche Unbewußte,* dann gibt es darüber hinaus noch andere Manifestationsweisen der unbewußten Psyche, die nicht davon herrühren können, daß sie auf individuelle Erfahrungen zurückzuführen sind. Solche Inhalte des Unbewußten, die einen überindividuellen oder transpersonalen Charakter haben, gelten in der Jungschen Analytischen Psychologie als das *kollektive Unbewußte.* Schon der Begriff des Selbst oder der Ganzheit ist letztlich transpersonaler Natur. Er weist über den Einzelmenschen hinaus. In ihm kommt etwas Archetypisch-Urbildliches zum Ausdruck.

In außerordentlichen Träumen, nicht zuletzt in den geistig-religiösen Überlieferungen der Menschheit manifestieren sich solche archetypischen Bilder und Symbole der Ganzheit. So können Kugel, Kreis und Quadrat – bisweilen auch die Kombination solcher Strukturelemente – psychische Ganzheit zum Ausdruck bringen. Das bereits erwähnte Taigitu-Zeichen, ein Kreis, dessen Fläche zur Hälfte schwarz und zur anderen Hälfte weiß ist und die Einheit von Yang und Yin, das heißt des Lichten und Dunklen, des Männlichen und des Weiblichen symbolisiert, ist ein solches Beispiel. Und dadurch, daß sich in diesem Taigitu-Zeichen in der Form eines «S» die helle an die dunkle Fläche schmiegt, ist die Zusammengehörigkeit betont.

Indem wir dieses, die beiden Gegensätze vereinigende Yang-Yin-Zeichen als Ausgangspunkt nehmen, wollen wir jetzt auf zwei wichtige Erscheinungsweisen des Individuationsprozesses unser Augenmerk legen.

## Äußere und innere Reifung

Wir befassen uns zum einen mit dem Gegenüber des Lichten und Dunklen, zum andern mit dem des Männlichen und Weiblichen. Mit anderen Worten: es geht auf der einen Seite darum, den sogenannten «*Schatten*» als den Dunkelbereich in der eigenen Psyche zu erleben, anzunehmen und schließlich zu integrieren. Zum anderen soll der Individuierende mit dem, was Jung das «*Seelenbild*» genannt hat, konfrontiert werden, der Mann mit seiner inneren Weiblichkeit, die Frau mit ihrer inneren Männlichkeit. Diese vorläufige Zielangabe deutet auf Innenerfahrungen hin, die im Laufe des Individuationsgeschehens gemacht werden können. Sie sind geradezu Stationen eines inneren Weges.

Und doch ist daraus nicht etwa der Schluß zu ziehen, als erfolge die menschliche Reifung lediglich «innen». Manche meinen sogar, der Individuierende solle und könne durch ein System bestimmter Übungen oder durch ein Psychotraining in der Weise sich selbst verwirklichen, indem er eine Art Übermensch wird, der sich völlig vergeistigt und absolute Macht über seine Instinkte und Emotionen gewinnt. Davon kann nicht die Rede sein. Darüber vergesse man nicht: Ganzwerdung oder Vollständigkeit der Psyche ist nicht mit Vollkommenheit zu verwechseln. Das traditionelle christliche Heiligenbild hat hier ebensowenig Platz wie das Traumbild vom Fakir oder Meister-Yogi. Jolande Jacobi ergänzt hierzu:

«Der Individuationsprozeß hat in keiner Weise ein sogenanntes moralisches Ziel im landläufigen Gebrauch des Wortes. Er erstrebt keinen Perfektionismus und soll dem Menschen nur dazu verhelfen, im weitesten Sinn und wesensgetreu der zu werden, der er in der Tat ist, und sich nicht hinter jener Idealmaske zu verbergen, die so gerne mit dem wahren Wesen eines Individuums verwechselt wird, obwohl das dahinter verdrängte Böse gerade dadurch leichter hervorbricht.»

Zu dem inneren Vorgang der Bewußtmachung transpersonaler Zusammenhänge und Bilder muß immer das äußere Leben mit seinen Ansprüchen und Verpflichtungen etwa in Beruf, Familie, Gesellschaft samt der Zeitalterproblematik dazu kommen. Eine Individuation fernab der Welt ist ausgeschlossen. Wir reifen an den Widerständen und an den vielfältigen Herausforderungen, die wir uns in der Regel nicht suchen, sondern die uns in den Weg gelegt werden. So gesehen gehören die innere oder geistige Wirklichkeit und die äußere Realität zusammen. Eine ist die notwendige Ergänzung der anderen; oder wie Aniela Jaffé in ihrem Buch über den «Mythus vom Sinn im Werk von C. G. Jung» schreibt:

«Beide Aspekte des Prozesses werden vom mächtigen Archetypus des Selbst angeordnet... Darum ergänzt Jung seine Definition des Individuationsprozesses als Ablauf innerer Bilder durch dessen Umschreibung als ‹Leben›: ‹Jedes Leben ist schließlich die Verwirklichung eines Ganzen, das heißt eines Selbst, weshalb man die Verwirklichung auch als Individuation bezeichnen kann›.»

Und Aniela Jaffé fährt fort: «Im Grunde genommen besteht die Individuation aus immer neuen, weil immer wieder notwendigen Versuchen, die inneren Bilder und die äußere Erfahrung zur Deckung zu bringen. Anders ausgedrückt: sie liegt in der Bemühung, die Absicht, die das Schicksal mit einem hat, gänzlich zur eigenen Absicht zu machen. In Augenblicken des Gelingens ist ein Teil des Selbst als Einheit von Innen und Außen verwirklicht. Dann ruht der Mensch in sich, weil er sich erfüllt...»

Es erübrigt sich wohl, eigens auszuführen, daß derartige Erlebnisse der inneren wie der äußeren Harmonie selten genug vorkommen. Allzuoft überwiegen die Negativerfahrungen der Widerstände, der schwierigen Situationen, der unausstehlichen Menschen, die Zeiten der Pechsträhnen und was dergleichen mehr sein mag.

## Traumdeutung

Bei diesen äußeren Begebenheiten bleibt es nicht. Das Tageserleben pflegt uns bis in unsere Träume hinein zu verfolgen. Die Welt der Träume aber ist jener Bereich seelischer Wirklichkeit, in dem das Unbewußte in seiner rätselhaften Bildsprache zu reden beginnt. Sehen wir einmal von jenen Träumen ab, in denen lediglich Bruchstücke dessen in kaum verschleierter Form wiederkehren, was man am vorausgegangenen Tag erlebt hat, dann treten doch immer wieder einmal bemerkenswerte Figuren in Erscheinung. Nicht selten sind es Figuren, die Attribute des Negativen, des Bösen, des Widersprüchlichen, Ärgerniserregenden verkörpern. Und an dergleichen Gestalten erinnert man sich schon deshalb, weil man sie als Träumer ablehnt oder ihnen in irgendeiner Weise widerspricht. Man will nichts mit ihnen zu schaffen haben.

Taucht ein derartiger Traum auf, in der eine solche Schatten-Figur im Mittelpunkt des Geschehens steht, dann kann man sich die Frage nach der Identität dieser dunklen Gestalt vorlegen. Vielleicht gelingt es auch, eine gewisse Ähnlichkeit mit der einen oder anderen aus dem alltäglichen Leben bekannten Person festzustellen. Irgendwie hat man aber den Eindruck, daß diese Vermutung nicht ganz zutrifft. Das ist vor allem dann der Fall, wenn sich dieses oder ein ähnliches Traummotiv immer wieder in den Träumen meldet. Sollte es sich nur um die Abbildung äußerer Geschehnisse handeln? Das hieße, einen Traum auf der *Objektstufe* deuten wollen.

Die Erfahrung zeigt nun aber, daß eine ganze andere Deutung angebracht ist, was die handelnden Personen und die innere Traumdramatik anlangt. Ist es nicht so, daß der Träumende nicht allein der Betrachter, sondern auch der Produzent und Regisseur dessen ist, was auf seiner inneren Bühne gespielt wird? Warum sollte er nicht selbst bald die eine, bald die andere Rolle spielen? Wie die Analytische Psychologie zeigt, führt die Traumdeutung auf der *Subjektstufe* zu überraschenden Ergebnissen. Konkret heißt das: die Personen, die in einem dramatischen Handlungsablauf agieren, stehen mit dem Träumenden und mit seiner Problematik in Beziehung. Und jene dunkle, unsympathische, mit mancherlei Mängeln behaftete Schatten-Gestalt ist der Träumende selbst. Es ist gleichsam seine Dunkelseite, die im Traum eine menschliche Gestalt annimmt. Jung sagt von ihr:

«Die Figur des Schattens personifiziert alles, was das Subjekt nicht anerkennt und was sich ihm doch immer wieder – direkt oder indirekt – aufdrängt, also zum Beispiel minderwertige Charakterzüge und sonstige unvereinbare Tendenzen.»

Und Aniela Jaffé ergänzt diese Charakteristik: «Im Schatten lebt all das, was sich Sitte und Gepflogenheiten, sowie religiösen und weltlichen Gesetzen nicht anpassen will und auch nicht kann. Es ist das mephistophelische ‹Nein›, die Gegenwirklichkeit mit ihrem Ungehorsam, dem Anderswollen, der Empörung gegen den Kulturkanon.»

*Schatten der Psyche und ihre Projektion*

Manchmal kann der Schatten für eine gewisse Zeit die Oberhand gewinnen, zum Beispiel auf Grund von Alkoholeinfluß oder aus anderem Anlaß. Man tut dann das, dessen man sich im Zustand des klaren Tagesbewußtseins schämt. Lassen wir einmal beiseite, daß es Menschenschicksale gibt, die ihren Schatten voll ausleben, indem sie die überkommenen gesellschaftlichen oder moralischen Normen mißachten und daher der allgemeinen Ächtung anheimfallen. Die Literatur kennt solche Schattenfiguren; es müssen gar nicht immer die vielzitierten Krimi-Helden sein.

Für unsere Frage ist ein anderer Tatbestand beachtenswert,

nämlich der, daß wir unsere eigene Negativität oder Schattenhaftigkeit auf unsere Umwelt projizieren. Das tun vor allem solche Menschen, die ihr Ich als die Gesamtheit ihrer Psyche betrachten, jedoch nicht wissen oder nicht wissen wollen, was alles außer ihrem Ich noch zu ihrer Seele gehört. Das sind jene, die immer im Recht zu sein meinen, die sich immer für tadellos, ja oft für wunderbar halten, dagegen von ihrer gesamten Umgebung meinen, sie sei böse, schwierig und sie sei die Quelle aller Unannehmlichkeit. Oder um es mit dem Evangelium zu sagen: Wir suchen nach dem Splitter im Auge des Bruders, den Balken im eigenen Auge sehen wir nicht.

Damit ist das Problem auf einen einfachen Nenner gebracht, um dessen Bearbeitung es im Individuationsprozeß zunächst geht, nämlich um die *Bewußtmachung des sogenannten Schattens*. Es liegt auf der Hand, daß damit eine Arbeit zu leisten ist, ohne die letztlich keine wahre Selbsterkenntnis möglich wird. Nur wer in der Lage ist, seine eigene Dunkelseite als zur Ganzheit seiner Person gehörig anzuerkennen, lernt sich kennen und kommt auf dem Weg der Selbstwerdung voran. Aber wie kommt man mit seinem Schatten in Berührung? Jolande Jacobi, der wir sowohl eine systematische Einführung in die Jungsche Psychologie als auch in den Individuationsprozeß verdanken, schreibt:

«Man kann seinem Schatten in einer inneren, symbolischen, oder einer äußeren, konkreten Figur begegnen. Im ersten Fall wird er im Material des Unbewußten, zum Beispiel als eine Gestalt des Traumes erscheinen, die einzelne oder zugleich mehrere seelische Eigenschaften des Träumers personifiziert darstellt; im zweiten Fall wird es ein Mensch aus der Umwelt sein, der aus bestimmten strukturellen Gründen zum Projektionsträger solcher einzelner oder mehrerer, im Unbewußten verborgener Eigenschaften wird.»

Praktisch heißt das: Es wäre einmal darauf zu achten, was uns das Leben schwer macht, mit welchen Personen unserer

Umgebung wir uns schwer tun. Man wird sich freilich davon hüten müssen, mit einem Male alle äußeren Gegebenheiten auf Projektionsvorgänge reduzieren zu wollen. Erwägenswert ist immerhin, was Jolande Jacobi in diesem Zusammenhang bemerkt: «Am häufigsten und selbstverständlichsten zeigt sich (der Schatten) jedoch als zu uns selber gehörig, als unsere eigenste Eigenschaft, obwohl wir – wenn überhaupt – nur sehr ungern bereit sind, ihn als solchen anzuerkennen. Überfällt uns zum Beispiel ein Zornausbruch, beginnen wir plötzlich zu fluchen oder uns rücksichtslos und roh zu verhalten, gehen wir, oft ganz gegen unseren Willen, unsozial vor oder sind wir geizig, kleinlich, nörgelnd, feige oder frech, taktlos und unverschämt, so verraten wir dadurch Eigenschaften, die wir unter gewöhnlichen Umständen sorgfältig unterdrücken und verbergen und von deren Existenz wir zumeist selber kaum eine Ahnung haben. Wenn sie aber nun durch die Emotion, die uns ergriffen hat, sichtbar und feststellbar werden, kann man sie nicht mehr übersehen, und wir müssen uns angesichts solcher Charakterzüge erstaunt und ungläubig fragen: Ja, wie ist das alles wohl möglich? Steckt denn so etwas wirklich in uns?»

Die Konfrontation mit dem Schatten heißt demnach, sich seines eigenen Wesens schonungslos kritisch bewußt werden. Es heißt, Schwierigkeiten nicht ausnahmslos auf andere «schieben». Das Wort «schieben» ist in diesem Fall durchaus die angemessene Deutung des psychologischen Begriffs der *Projektion*. Wenn wir sagen: Der oder die schiebt alles auf andere ab – so kann diese Feststellung darauf zurückzuführen sein, daß wir an dem Betreffenden ein solches Projektionsgeschehen beobachten. Dagegen ist man für die eigene, unbewußt bleibende Projektion meist blind. Aus dieser Tatsache resultiert der große Widerstand, mit dem sich der Analysand der Anerkennung und der Integration seines Schattens zu widersetzen pflegt. Hier mag auch einer der unbewußten

Gründe liegen, weshalb man es ablehnt, sich einer Jungschen Analyse zu unterziehen. In ihr stellt die Konfrontation mit dem Schatten und die Rücknahme von Schattenprojektionen die erste Etappe im Individuationsprozeß dar, ein erster Schritt auf dem Weg zu seelischer Ganzwerdung.

## Konfrontation mit Anima und Animus

Wir wollen uns noch mit einer anderen Erscheinungsweise des Individuationsprozesses bekannt machen, nämlich mit jener, in der es zu einer Konfrontation des Männlichen und des Weiblichen kommt. Es könnte eingewandt werden, daß das Bewußtsein von der Verschiedenheit der Geschlechter sehr früh einsetzt und daß die entscheidenden Begegnungen zwischen Mann und Frau lange *vor* der Lebensmitte liegen. Beides steht außer Frage. Es darf daher vorausgesetzt werden, daß man um die Lebensmitte einen Partner hat, den man seit vielen Jahren der Gemeinsamkeit gründlich kennt. Zweifellos ist die konkrete, die leibhafte Begegnung zwischen Mann und Frau an sich schon ein wesentlicher Faktor menschlicher Reifung. Aber zwischenmenschliche Beziehung ist das eine; Beziehung zum eigenen Inbild oder Seelenbild ist das andere. Man kann überzeugt sein, seinen Lebenspartner recht gut zu verstehen. Eine andere Frage ist die, wie weit die Selbsterkenntnis reicht, die ihrerseits wiederum für alles Tun und Lassen, auch in der Ich-Du-Beziehung von Bedeutung ist.

Man muß sich auch an dieser Stelle klarmachen, daß kein Mann nur männlich ist, und daß keine Frau nur weibliche Züge trägt. Ein wichtiges Forschungsresultat der Analytischen Psychologie besteht ja gerade darin, daß im Unbewußten des Mannes ein weibliches Seelenbild veranlagt ist. Jung nennt es die *Anima*. Die Frau ist andererseits in ihrem Unbewußten durch ein männlich geprägtes Seelenbild, den *Animus*, bestimmt. Gemeint sind männliche Eigenschaften oder Qualitäten bei der Frau und weiblich geartete beim Mann.

Emma Jung, die Gattin des Begründers der Analytischen Psychologie, hat sich mit diesem Themenkreis beschäftigt. Sie schreibt: «Der Charakter dieser beiden Figuren – Anima und Animus – wird nicht allein bestimmt durch die jeweilige andersgeschlechtliche Anlage, sondern er wird noch mitbedingt durch die Erfahrungen, die jeder im Verlauf seines Lebens mit Vertretern des anderen Geschlechts macht, und durch das ererbte kollektive Bild, das der Mann von der Frau und die Frau vom Manne in sich trägt. Diese drei Faktoren verdichten sich zu einer Größe, welche weder nur Bild noch nur Erfahrung ist, sondern vielmehr eine Art von Wesenheit, deren Wirken sich nicht den übrigen seelischen Funktionen organisch einordnet, sondern die sich eigengesetzlich verhält und wie etwas Fremdes bisweilen hilfreich, bisweilen aber auch störend, wenn nicht gar zerstörend, in das individuelle Leben eingreift. Man hat daher alle Ursache, sich mit diesen Größen zu beschäftigen und über deren Wirkungsweise klarzuwerden.»

Wie manifestiert sich nun die Anima, von der vorweg zu sagen ist, daß sie – ähnlich wie der Schatten – als Projektion auftritt. Der Unterschied zwischen Schatten und Anima beziehungsweise Animus besteht zunächst darin, daß Schattenfiguren im Traum gleichgeschlechtliche Züge tragen; die Schattengestalten beim Mann sind männlich, bei der Frau weiblich. Dagegen pflegten sich die Ausgestaltungen des Seelenbildes gegengeschlechtlich zu manifestieren, eben als Anima beim Mann und als Animus bei der Frau. Dabei ist zunächst völlig offen, ob das jeweilige Seelenbild positive oder negative Züge trägt, ob die faszinierende Anima eher einer guten oder einer bösen Fee ähnelt. Wichtig ist allein, daß dieses fremdartige Seelenbild ähnlich wie der Schatten als zur eigenen Person gehörig erfahren werden kann.

*Ein Traumbeispiel*

Wir suchen uns das Gemeinte durch ein Traumbeispiel zu veranschaulichen. Ein etwa vierzigjähriger Mann erzählt seinem Analytiker folgenden Traum; er ist Bestandteil einer größeren Traumserie:

«Ich bin an einem riesigen Tor mit zwei Seiteneingängen und einem mittleren Eingang. Wenn ich mich den beiden Seiteneingängen nähere oder sie zu öffnen versuche, leuchtet eine rote Warnlampe auf. Das mittlere Tor öffnet sich aber ohne weiteres; meine Familie und sogar meine Eltern gehen hindurch. Anschließend lebe ich mit meiner Frau in einem Häuschen draußen auf dem Lande. In der Nähe befindet sich ein Rebberg, und dort wohnt eine junge hübsche Frau, die einer mir bekannten Bauerntochter gleicht. Wir zwei verlieben uns ineinander. Meine Frau ist zunächst sehr eifersüchtig und abweisend; dann aber bewertet sie die ganze Situation nur als Störung. Zum jungen Mädchen wie zu meiner Frau sage ich: Bleibe mir treu!»

Soweit der Traumtext. Angemerkt sei einstweilen, daß das Geschilderte dem Träumer nur dann etwas sagt, wenn er das dramatische Bild mit seinen spontanen Einfällen beantwortet, wenn er auch seine Gefühle und Empfindungen sprechen läßt und den Trauminhalt mit seiner jeweiligen konkreten Alltagssituation in Beziehung setzt. Wir können uns hier auf das Motiv der Anima als solcher beschränken.

Da mag man vorweg an die drei Tempel von Sarastros Reich in der «Zauberflöte» erinnern. Tamino versucht in die beiden seitlichen, gegensätzlichen Tempel der Natur und der Vernunft einzudringen, doch von beiden Seiten ertönt die Drohung: Zurück! Aus dem Tempel der Mitte, es ist der Tempel der Weisheit, tritt ein Priester heraus. Dieses doppelte «Zurück!» wird in unserem Traum durch die beiden roten Warnlampen symbolisiert. Jürg Wunderli, der Berichterstatter, erläutert hierzu: «Es gilt, sowohl die naturhaft-materielle als auch die vernünftig-geistige Einseitigkeit zu vermeiden. Erst die gleichmäßige Berücksichtigung beider Aspekte, der Natur und des Geistes, öffnet das Tor zum mittleren Weg in der Vereinigung der Gegensätze.»

Keine Frage, es ist das Motiv der Ganzwerdung und der Selbstverwirklichung, das im Mittelpunkt des Traumerlebens steht. Schließlich erinnert der Analytiker an den sogenannten «mittleren Weg» des Gautama Buddha. Es ist der Weg, der sowohl die primitive Sinnenfreude als auch eine einseitige, naturferne Herrschaft des Geistes ablehnt, denn: «Beide Extreme gilt es zu vermeiden; die richtige Methode liegt zwischen diesen Verhaltensweisen in der Mitte.» Anschließend begegnet der Träumer seiner Anima. Ob die im Traum auftauchende Figur der Ehefrau auch als ein Seelenbild verstanden werden soll, darf einmal dahingestellt bleiben. Sicher aber trifft dies auf die liebenswürdige, faszinierende junge Frau zu, die zunächst als Konkurrentin der Gattin empfunden wird. Dahingestellt lassen wir auch, ob bei dem Betreffenden das Anima-Bild auf jene konkrete Frau projiziert wird, der die Anima des Traums ähnlich sieht. Die entscheidende Frage ist vielmehr, ob es dem Träumer gelingt, die Bedeutsamkeit dieses seines Seelenbildes zu erfassen. Denn: «Je mehr der Mann auch seine Gegengeschlechtlichkeit entwickelt, sich ihrer bewußt wird und sie damit realisiert, desto mehr schreitet er auf dem Weg zur Ganzheit voran und entfernt sich von einer einseitigen Verwirklichung, die gerade darum keine Selbstverwirklichung sein kann. Andererseits bleibt eine unbewußte und verdrängte Gegengeschlechtlichkeit primitiv und undifferenziert. Männer, die in der Öffentlichkeit und im Berufsleben stark wirken, können privat eine bedenkliche Labilität ihrer Gefühle zeigen; sie wirken launisch, emotional unbeherrscht und daneben peinlich sentimental. Auch Eifersüchteleien, giftiges Wesen, übertriebene Empfindlichkeit,

Reizbarkeit und Ressentiments verraten, daß solche Männer ihren Affekten mehr oder weniger hilflos ausgesetzt sind; ihr Gefühlsleben ist undiszipliniert und kann sachliche, vernünftige Überlegungen zunichte machen.»

Kehren wir nochmals zu dem erwähnten Traum zurück: Die junge Frau, in die sich der Träumer verliebt hat, verweist durch ihre Jugendlichkeit und Frische darauf, daß die Anima des Betreffenden noch nicht voll ausgereift ist. Ist der Altersunterschied zwischen dem realen Lebensalter des Träumers und der Anima-Figur seiner Träume besonders groß, dann deutet das darauf hin, daß ein besonders hohes Maß an innerer Reifung nötig ist. Der positive Aspekt ergibt sich jedoch daraus, daß der Mensch wachsen kann. In unserem Fall wird das Motiv des Wachstums und der Fruchtbarkeit durch den Weinberg symbolisiert. Dort wohnt ja die junge Frau. Nun muß aber auch diese Metapher des Erdnahen, Mütterlichen übersetzt werden. Denn eben das hat der Mensch der Lebensmitte zu lernen, daß die Grenzen des biologischen Wachstums überschritten sind. Wenn dennoch derartige Bilder in der Gestalt von Träumen ins Bewußtsein drängen, so dürfen sie nicht mit bloßen Sehnsüchten nach der Welt von gestern verwechselt werden. Vielmehr äußert sich in dem jugendlichen Anima-Bild das Verjüngungs- und Erneuerungsprinzip als Ausdruck innerer Wandlung. Aus dem gleichen Grund wäre es trügerisch und illusionär, wollte man – wie es immer wieder geschieht – das Seelenbild auf eine äußere Anima – oder auch Animus-Gestalt projizieren, ohne sich des Projektionscharakters voll bewußt zu werden.

Jolande Jacobi bemerkt hierzu: «In der ersten Lebenshälfte ist es natürlich und folgerichtig, daß die innerseelischen Gestalten in der Projektion erscheinen, daß wir also von Männern und Frauen, die Träger (bestimmter) Züge sind, angezogen werden, uns in sie verlieben. Die Projektion bewirkt gegenseitige Anziehung, sie ist jene ‹Falle›, die uns in Liebe und Haß mit dem anderen Geschlecht verstrickt und damit das Weiterleben der Art sichert. Hingegen gehört die Aufgabe der Zurückziehung der Projektion zur zweiten Lebenshälfte. Sie ist dem zweiten Abschnitt des Individuationsprozesses vorbehalten, wo der Mensch lernen muß, aus sich selber zu bestehen, das Gegengeschlechtliche in sich selber aufzufinden und fruchtbar zu machen, um dadurch der eigenen ‹Abrundung› näher zu kommen, ohne jedoch die Beziehungsfähigkeit als solche zu lähmen.»

Was besagt aber wohl im Traum die doppelte Mahnung, die der Träumer sowohl seiner Frau als auch jener Geliebten sagt: «Bleib mir treu!» Ist darin vielleicht ein doppelter Besitzanspruch zum Ausdruck gebracht? – Eine solche Deutung läge nahe, handelte es sich um einen äußerlichen realen Vorgang. Indessen spricht hier das Unbewußte. Danach ist es durchaus in Ordnung, seinem Seelenbild mit all seinen Bedürfnissen und Ansprüchen jene Treue zu halten, die man dem Ehepartner schuldet. Mit anderen Worten: Die äußere Beziehung ist mit der Beziehung zum eigenen Selbst verknüpft. Unwillkürlich denkt man an das Jesus-Wort: «Du sollst deinen Nächsten lieben wie dich selbst!» Das heißt doch, daß diese Liebe und Treue zum eigenen Seeleninneren vorausgesetzt ist, wo die Liebe zum Nächsten gefordert wird. Und das will wiederum besagen: Die eigene Seele beansprucht, ernst genommen zu werden. Sie nimmt es nicht stillschweigend hin, wenn das Ich in jedem Fall die Oberhand gewinnen will, etwa durch einseitiges Zweckdenken, durch Besserwisserei, Sensationslust oder Arbeitswut und was derlei Fehlhaltungen mehr sein mögen. Auch Gefühl und Intuition verlangen ihr Recht. Was beim Mann als unmännlich und bei der Frau als unweiblich hingestellt wird, sind nicht selten jene Elemente, deren wir um unserer seelischen Reifung willen nötiger bedürfen als wir zumeist ahnen.

## Schritte auf dem Weg der Selbstwerdung

Nun haben wir eine Reihe von Gesichtspunkten betrachtet, von denen aus Bilder und Stationen des Individuationsprozesses deutlich werden können. Fassen wir zusammen, dann handelt es sich vor allem um zwei Etappen, die auf dem Weg der Selbstwerdung zu durchlaufen sind:

*Zum einen* stellt sich die Aufgabe, die Negativseite der eigenen Person zu erkennen, bewußt zu machen und zu akzeptieren. Erst wenn dieser «Schatten» realisiert und als zum eigenen Wesen gehörig angenommen ist, wird der Weg zum Selbst frei. Er wird nicht länger durch Projektionen verstellt, durch die die eigene Unzulänglichkeit auf andere übertragen wird.

Ist der eigene Schatten bewußt gemacht, dann stellt sich *zum andern* das Problem, das gegengeschlechtliche «Seelenbild» – Anima beziehungsweise Animus – zu differenzieren. Ist dieses Bild erkannt und erschlossen, dann hört es auf, vom Unbewußten her irritierend zu wirken. Da nun archetypische Bilder in ihrem Gesamtumfang das konkrete menschliche Ich stets überschreiten, muß man sich in jedem Fall vor dem Mißverständnis hüten, alle Schattenanteile oder auch Anima beziehungsweise Animus völlig integrieren zu können. Wohl läßt sich die Individuation von ihrem Ziel, der Ganzwerdung, her verstehen. Nüchternerweise aber muß man sagen: Für den Individuierenden stellt sich die Individuation immer als ein Weg dar, dessen Ende letztlich nie erreicht wird. Nicht Vollkommenheit, wohl aber Stadien seelischer Vollständigkeit werden greifbar. Hier sei wenigstens der Hinweis angefügt, daß die Analytische Psychologie neben der Konfrontation mit dem Schatten und der Integration des Seelenbildes weitere Etappen auf dem Pfad der Selbstwerdung kennt.

Statt auch diese Etappen zu charakterisieren, sei abschließend auf eine Frage eingegangen, die verständlicherweise immer wieder gestellt wird. Es ist die Frage, was im Blick auf die Selbstwerdung oder Selbstverwirklichung geschehen kann.

Da sollten wir erst einmal von der Voraussetzung ausgehen, daß Selbstverwirklichung nicht beliebig machbar oder organisierbar ist, so hilfreich beispielsweise meditative Übungen sein können.

Psychologische Begriffe – so haben wir gesehen – verweisen stets auf einen Zusammenhang, in dem wir bereits mitenthalten sind, ehe wir darüber nachzudenken beginnen. Eine neutrale Beobachterhaltung ist nicht möglich. In der Regel ist es daher nicht so, daß jemand aus bloßer Neugierde den Prozeß der Individuation kennenlernen – um nicht zu sagen: durchleiden – will. Vielmehr ist da eine innere oder auch eine bis ins Körperliche gehende äußere Nötigung; sei es eine neurotische Belastung, die erwähnte Krise zur Zeit der Lebensmitte oder irgendein Leidensdruck, der uns veranlaßt, einen Psychotherapeuten aufzusuchen.

Und nicht etwa ausschließlich die angesichts ihrer Alltagsaufgaben Scheiternden, sondern gerade auch die beruflich Erfolgreichen werden von der Sinnkrise eingeholt und bis an den Rand ihrer Existenz geführt. Auch und gerade sie müssen einsehen, daß Selbstverwirklichung nicht durch Egoismus oder durch Egozentrik erreicht wird, sondern erst dann, wenn das Ego seine Dominanz preisgibt. Es darf nicht ins Grenzenlose wachsen; es muß abnehmen, damit die genannten, unterdrückten und damit unbewußten Anteile der Psyche endlich zu ihrem Recht kommen können.

An diesem Punkt kann und soll freilich eine seelische Aktivität einsetzen. Sie besteht jedoch nicht darin, daß man seinen Leistungswillen steigert. Das hieße ja, die Ich-Befangenheit so wie bisher fortsetzen. Wenn von der Notwendigkeit einer Kehrtwendung die Rede war oder von einer Neuorientierung, dann im Blick auf die lange Zeit unbeachteten Regionen und Funktionen unserer Psyche. Wieder klingt ein Evangelienwort an, das allein schon seiner psychologischen Weisheit wegen verdient, bedacht zu werden:

«Was hülfe es dem Menschen, wenn er die ganze Welt gewönne, und nähme doch Schaden an seiner Seele.»

Gemeint ist damit ein Schaden an der Ganzheit seines Lebens und seines Menschseins. Das Bild der Ganzheit aber tritt nicht von außen an uns heran. Es ist kein bloßes Naturereignis. Es ist uns eher eingeboren als eine Sehnsucht, als eine Bedürftigkeit, aber auch als eine Möglichkeit, zu inneren Erfahrungen zu gelangen. Dieses Ganzheitsbild und diese Erfahrung ist im letzten religiöser Natur. Und – so sagt C. G. Jung einmal: «In der inneren Erfahrung erst offenbart sich die Beziehung der Seele zu dem äußerlich Vorgezeigten und Gepredigten als eine Verwandtschaft oder Entsprechung.»

*Religiöse Tiefendimension*

Je tiefer man nun in das eigentlich Wesenhafte seiner selbst eindringt – etwa durch die Beachtung unserer Träume und Gefühle –, desto mehr fühlt man, daß persönliche Probleme eine allgemein menschliche Dimension annehmen. Die wesentlichen Wahrheiten, die unser Menschsein, das Leben auf dieser Erde erst lebenswert machen, erweisen sich allgemeingültig und stellen uns in einen größeren Zusammenhang hinein. Ist es da ein Wunder, wenn der Analytiker immer wieder an religiöse Probleme herangeführt wird?

Der amerikanische Jungianer James Hillman bemerkt hierzu: «Wir sind nicht mißratene Priester, die ihre Berufung verfehlt haben. Die Seele ist so verflochten mit dem Unbewußten, und die Probleme der Religion sind so lebenswichtig für die Seele, daß wir, ob wir wollen oder nicht, zu Aussagen über Gott kommen, einfach weil wir Zeugen der bestürzenden Entdeckung Seines Seins innerhalb einer Analyse werden... Die natürliche religiöse Funktion ist dem Prozeß der Analyse selbst inhärent.»

Und so wie der religiöse Mensch sich nicht mit bloßen theologischen Informationen zufrieden gibt, sondern sich seinem Gott in Glaube, Ritus und praktischer Hingabe zuwendet, so ist dem Individuierenden mit bloßem psychologischem Wissen kaum geholfen. In diesem Prozeß der Individuation kommt es wesentlich darauf an, daß man eine innere Beziehung zu seinem eigenen Unbewußten herzustellen vermag. *Diese* seelische Aktivität ist es, um die es geht. Theodor Reik hat es «das Hören mit dem dritten Ohr» genannt, ein sorgfältiges Achten auf die feinen Eindrücke, die flüchtigen Gedanken, Ahnungen und Gefühle, die sich plötzlich melden, die nicht weniger zu uns gehören als unser taghelles Denken und Wollen. James Hillman spricht in unserem Zusammenhang geradezu davon, man solle damit beginnen, sich mit seinem Traum zu «befreunden», indem man beispielsweise auf die Mitteilungen achtet, die – zunächst verschlüsselt und kaum entzifferbar – in den Bildern enthalten sind, die aus unserem Unbewußten aufsteigen. Aber nicht um den Zugriff der ichhaften Ratio geht es, die die Signale des Unbewußten am liebsten sofort in glatte Begriffe umsetzen möchte.

Hillman rät: «Ich lasse (den Traum) sprechen, und ich spreche zu ihm – statt daß ich ihn deute oder analysiere. Indem man zu dem Traum spricht, wendet man sich an seine Stimmungen und Bilder und ermutigt ihn, mit seiner Erzählung fortzufahren... Ermutige ich den Traum, seine Geschichte vorzutragen, dann gebe ich ihm eine Möglichkeit, seine wirkliche Botschaft, seine mythische Thematik mitzuteilen, und komme so den Mythen näher, die in mir wirken, meiner eigentlichen Geschichte, der Geschichte meines Lebens von innen... Die Traumgeschichte ist einfach der innere Aspekt der äußeren Geschichte.»

Damit will der amerikanische Analytiker nicht etwa einem psychologischen Dilettantismus das Wort reden. Ebensowenig plädiert er für eine realitätsferne Innerlichkeit. Eher ist sein Votum als ein Korrektiv zu verstehen. Wer durch Umwelt und Beruf, vielleicht auch durch Typus oder Neigung dazu bestimmt ist, ein betont extraversives, an der äußeren Dingwelt ausgerichtetes Leben zu führen, bei dem ist eine solche Kurskorrektur angebracht, wie sie sich auf dem Weg der Individuation darstellt.

Diese Korrektur ist im Sinne eines Ausgleichs zwischen dem bewußten Ich und dem Unbewußten gemeint, mit Blickrichtung auf das Selbst, das die Ganzheit der menschlichen Psyche repräsentiert. Im übrigen ist schon viel gewonnen, wenn diese neue Sichtweise als eine Notwendigkeit und als eine Lebensaufgabe namentlich während der zweiten Lebenshälfte eingesehen wird. Denn – und dies sei abschließend mit den Worten C. G. Jungs gesagt: «Wir brauchen nicht so sehr Ideale als ein wenig Weisheit und Introspektion, eine sorgfältige religiöse Berücksichtigung der Erfahrungen aus dem Unbewußten. Ich sage absichtlich ‹religiös›, weil mir scheint, daß diese Erfahrungen, die dazu helfen, das Leben gesunder oder schöner zu machen oder vollständiger oder sinnvoller zu gestalten, für einen selbst oder für die, die man liebt, genügen, um zu bekennen: es war eine Gnade Gottes.»

# Auf dem Weg nach innen

Seelenführung
aus der spirituellen Dürre

Zurückgezogenheit sucht man auf dem Land, am Meer, im Gebirge, und auch du pflegst dich besonders nach ihr zu sehnen. Dennoch verrät all das höchste Unerfahrenheit: Kannst du dich doch zu jeder beliebigen Stunde *in dich selbst* zurückziehen! Denn an keinen Ort größerer Ruhe oder Ungestörtheit vermag sich der Mensch zurückzuflüchten als in seine eigene Seele, zumal wenn er drinnen einen Inhalt findet, in den er sich zu versenken braucht, um sich sofort in vollem Wohlgefühl zu wissen: Unter ihm aber verstehe ich nichts anderes als innere Harmonie. Gönne dir also immer wieder diese Art von Zurückgezogenheit, dich selbst zu erneuern. – Kurz und elementar seien die Sätze, die schon beim Gedanken an sie genügen werden, deine ganze Seele rein zu spülen und dich so zu geleiten, daß du den Verhältnissen, in die du zurückkehrst, nicht grollst.»

Diese Empfehlung könnte so oder in ähnlicher Form in unseren Tagen gegeben worden sein. Aber die erste Niederschrift dieser Sätze erfolgte vor mehr als 18 Jahrhunderten. Ihr Autor war ein Philosoph auf dem römischen Kaiserthron, Marc Aurel. Ihm verdanken wir die vielgerühmten «Selbstgespräche», die in sein Denken, vor allem in seine ethischen Vorstellungen Einblick gewähren. Als Vertreter der stoischen Philosophie folgte er jener Denkrichtung der Antike, die sich weniger um die Klärung theoretischer Fragen kümmerte. Die Stoiker verfolgten vielmehr das Ziel, sich selbst moralisch zu formen, die Affekte zu zügeln und auf diese Weise das Leben zu bewältigen. Ihnen ging es unter anderem darum, innere Gelassenheit herzustellen und durch eine konsequente sittliche Lebensführung zum Einklang mit dem Schicksal zu gelangen. So rät Marc Aurel dem unter Streß leidenden Zeitgenossen – zunächst sich selbst: «Wenn du dem Zwange unterliegst, durch die Verwicklungen der Welt die Seelenruhe zu verlieren und sozusagen durcheinandergeraten, so geh' rasch in dich selbst zurück und weiche, nicht mehr, als unbedingt notwendig ist, von deinem Rhythmus ab. Du wirst dich mehr und mehr als Herr deiner Harmonie fühlen, wenn immer du dich in sie zurückziehst.»

Der einflußreiche römische Minister und Kaisererzieher Seneca pflichtet bei: «Die Seele kann, wenn sie nur will, die Abgeschiedenheit inmitten allen Treibens der Beschäftigtheiten haben.»

Und der andere römische Stoiker Epiktet, einst ein Sklave, den man in die Freiheit entließ, fügt hinzu: «Die Grundsätze der Lehre soll man stets griffbereit halten und auf sie hingespannt (auf sie konzentriert) sein ohne Unterlaß, und ohne sie nicht schlafen, nicht aufstehn, nicht trinken, essen, nicht zusammenkommen mit den Menschen; (jene Lehre) nämlich... Niemand ist Herr, mir Gutes anzutun noch Schlimmes über mich zu bringen, sondern *ich selber* habe hierin Verfügung über mich allein.»

*Vorbilder der Seelenführung*

Das sind nur einige wenige Beispiele aus einem großen Vorrat an antiken Belegen für die Pflege des inneren Lebens. Im übrigen hat die Erforschung der Philosophiegeschichte der ersten römischen Kaiserzeit gezeigt, daß bereits vor zwei Jahrtausenden ein hochentwickeltes System einer methodisch durchgestalteten Seelenführung bestand. Mit anderen Worten: Die ‹disciplina spiritualis›, das heißt die Ordnung und Durchführung des geistlichen Lebens innerhalb der Christenheit, konnte somit auf eine Fülle antiker Vorbilder zurückblicken. Das gilt nicht allein für die römische Kirche und ihre geistlichen Orden. Das gilt nicht allein etwa für Ignatius von Loyola und für die von ihm ausgestalteten «Geistlichen Übungen», sondern auch für Luther und die nachreformatorische Zeit. Auch meditative Praktiken und spirituelle Schulungswege am Rande oder außerhalb religiöser Gemeinschaften, etwa die Anthroposophie Rudolf Steiners oder solche mit psychotherapeutischer Zielsetzung wären hier zu nennen. Sie alle können in den philosophisch ausgerichteten Seelenführern ihre Vorläufer erblicken, so unterschiedlich die Methoden der Meditation und Seelenführung von Fall zu Fall sind.

Die abgeschieden lebenden Wüstenväter und Asketen der Ostkirche unterzogen sich ihren speziellen Exerzitien, um dem von Paulus empfohlenen immerwährenden Gebet zu obliegen; die Mönche und Nonnen des Mittelalters räumten in ihrer geistlichen Lebensordnung der Meditation einen festen Platz ein: das sogenannte Herzensgebet im Osten, die geistliche Schriftlesung und das Stundengebet in den westlichen Klöstern.

Der Vater des abendländischen Mönchtums, Benedikt von Nursia, schärfte seinen Brüdern ein, daß die Meditation zur Hauptbeschäftigung eines Ordensmannes gehöre. Man verstand darunter das Lesen, Anhören und Bedenken geistlicher Inhalte, sei es aus der Bibel, sei es aus anderen Schriften der Überlieferung.

Ursprünglich heißen die lateinischen Worte «meditatio» und «meditari» soviel wie «nachdenken». Und zwar geht es letztlich darum, an das zu denken, sich einzuprägen, was zu tun ist. Diese Art von Meditation ist von vornherein ausgerichtet auf die praktische Umsetzung. Oder anders gesagt: Die Bewegung des Meditierens soll gleichsam vom Herzen in die Hand übergehen. Innerlich betrachtet und ersehnt man etwas, was dann zur Tat werden soll. Ja, im Grunde ist das so verstandene Meditieren selbst schon ein Tun und eine Übung. Daraus geht hervor, daß der Begriff ‹Meditation› ein weites Bedeutungsfeld umfaßt. Er reicht von der Besinnung bis zur praktischen Übung, von dem Innewerden, der «Innerung», bis zur tätigen Nutzanwendung. Gleichzeitig ist ein stetiges, besonnenes Wiederholen gemeint, etwa eines Bibelwortes oder kurzer Gebetsrufe. Gemeint ist sodann der Vorgang eines Lernens, bei dem man sich ein Weisheitsgut tief einprägt, um es schließlich «par cœur», das heißt aus dem Herzen heraus und im Herzen stets gegenwärtig zu haben. Entgegen dem deutschen Wortgebrauch handelt es sich gerade nicht um ein «*Aus*wendig»-Wissen, sondern um ein «*In*wendig»-Wissen; – ein Wissen, das nicht allein im Kopf, sondern in der Personmitte seinen Niederschlag gefunden hat. Der Meditierende legte und legt somit großen Wert darauf, auch die bewußtseinsferneren, die unbewußten Regionen seiner Seele von dem durchdringen zu lassen, das er der Er-Innerung für wert hält.

Wer – wie man heute zu sagen pflegt – nur auf das «Kurzzeitgedächtnis» setzt, der verfehlt Wesen und Ziel der so verstandenen Meditation: Das angeblich Gelernte bleibt eine Angelegenheit der Ratio; es bleibt «im Kopf», und zwar erfahrungsgemäß eben nur für kurze Zeit. Weil die Stetigkeit der Wiederholung fehlt, kommt es nicht zur Einwurzelung. Das Einzuprägende geht einem oft nicht einmal «in den Kopf», geschweige denn ins Herz. Die das Wesen verändernde Kraft, die die Meditation so wertvoll macht, geht verloren. Und gerade an dieser Veränderung, die innen beginnt, war und ist dem Meditierenden einst wie heute gelegen. Auch wenn es eine kritische Geschichte der Meditation im antiken und im mittelalterlichen Christentum noch nicht gibt, darf man doch vorweg zusammenfassen: Seit der frühen

Kirche läßt sich ein vielarmiger Strom der Überlieferung verfolgen, der die Jahrhunderte durchzieht und dessen Ausläufer bis in die Gegenwart hineinreichen. Daß die Meditationsbewegung der letzten Jahrzehnte auch noch von anderer Seite befruchtet worden ist, darf an dieser Stelle einmal außer Betracht bleiben. Und was die mittelalterliche Meditation betrifft, so läßt sie sich als eine geistliche Übung auffassen, die das Denken, das Fühlen und das Wollen erfaßt, eine Übung, die Selbsterkenntnis vorbereitet, eine Übung, die vor allem eine erfahrungsmäßige Begegnung mit Gott in den Blick zu bekommen sucht.

## Meditation im Mittelalter

Nach dieser recht pauschalen Feststellung sollen einige Ausgestaltungen meditativer Methoden vorgestellt werden: Auf der Schwelle zur Neuzeit ist ein Buch entstanden, das einmal als die «überfeinerte Spätblüte mittelalterlicher Meditation» bezeichnet wurde. Es ist das sogenannte «Rosétum» geistlicher Übungen aus der Feder des Mauburnus. Jan Mombaer, genannt Johannes Mauburnus, wirkte in der zweiten Hälfte des 15. Jahrhunderts. Er gehörte der sogenannten «Devotio moderna» an, das heißt jener geistlichen Erneuerungsbewegung seiner Zeit, die in den Niederlanden entsprang und die über einen erstaunlichen Wirkungsradius verfügt. Das weitverbreitete Erbauungsbuch der «Nachfolge Christi», das dem Thomas von Kempen am Niederrhein zugeschrieben wird, stammt ebenfalls aus dieser Geisteswelt, die mit den «Brüdern vom gemeinsamen Leben» verbunden ist.

Was nun das «Rosétum» des Mauburnus anlangt, so ist es gleichsam zu einem Sammelbecken geworden, in dem die verschiedenen Zuflüsse mittelalterlicher Meditationserfahrung Aufnahme gefunden haben. Beschrieben sind die einzelnen Stufen des inneren Wegs, wie sie bis dahin bereits bekannt waren.

Weil nun der Meditierende in der Regel als einer vorgestellt wird, der eine bestimmte Sitzhaltung einnimmt und in Ruhe verharrt, sei auf eine Besonderheit eingegangen. Es ist der geistliche, der meditative Tanz, der zu dieser Zeit schon eine viele Jahrhunderte währende Geschichte hat, eine Geschichte, die beispielsweise bis in die vorchristlichen Mysterien zurückreicht. Mauburnus nimmt Gedanken seiner Vorgänger auf und schreibt:

«Wenn die Psalmengesänge oder Lieder Tänze darstellen, dann ist klar, daß diejenigen, die Psalmen singen oder die dem Psalmengesang zuhören, auch tanzen müssen. Wie sittlich ausschweifende Männer und Frauen beim Anhören anstößiger Lieder tanzen, das heißt durch die Bewegung ihrer Leiber sich den Melodien anpassen, die sie hören, so müssen auch wir geistlich tanzen, wenn wir die Lieder oder Psalmen hören, damit uns nicht Gott das Wort aus Lukas 7 vorwerfe: ‹Wir haben euch gespielt und ihr habt nicht getanzt, wir haben euch wehgeklagt und ihr habt nicht geweint.› Jene Tanzbewegungen aber sind geistliche Bewegungen, durch die wir uns bewegen lassen sollten, wenn wir die Stimmen der anderen beim Psalmengesang hören.»

Die durch Konzentration eingeleitete Meditation kann sich somit in eine rhythmische Bewegung umwandeln, vor allem wenn man bedenkt, daß der mittelalterliche Mystiker das «innen» Erfahrene nicht für sich behalten kann, sondern, vom Jubel ergriffen, gleichsam «mit Herzen, Mund und Händen», also mit seinem ganzen Wesen ausdrücken muß. Tatsächlich hat sich in der Mystik der geistliche Tanz erhalten als eine Weise des bewegten Meditierens. Denn: «Wer seine gespannte Aufmerksamkeit auf die Worte und den Sinn der Heiligen Schrift richtet, der wird innerlich ergriffen und gleicht sich dem frommen Tänzer David an... indem er je nach der Verschiedenheit der Musikinstrumente tanzt und sich nach ihrer Herzensregung bewegt.»

## Auf der Schwelle zur Neuzeit

Verfolgt man nun den Gang der Überlieferung weiter, in dem Mauburnus gestanden ist, dann macht man eine erstaunliche Entdeckung, weil zwei recht verschiedene religiöse Bewegungen aus demselben geistlichen Reservoir geschöpft haben, nämlich Martin Luther und Ignatius von Loyola, – der Wittenberger Reformator und der Begründer des gegenreformatorischen Jesuitenordens. Damit war dafür gesorgt, daß die meditative Übung neue Impulse bekam. Das gilt in erster Linie für die berühmten «Exercitia Spiritualia», die geistlichen Übungen des großen Spaniers, der seine eigene meditative Erfahrung systematisierte und so ein System der Seelenführung aufbaute, dessen kirchengeschichtliche Bedeutung nicht zu unterschätzen ist.

Im Protestantismus verebbte der Meditationsstrom über Jahrhunderte hinweg, obwohl Luther anfangs noch in einem engen Kontakt mit der Mystik gestanden hat und mit der Meditation vertraut war. Als ehemaliger Augustiner-Eremit – diesem Orden gehörte auch Mauburnus an – ist dies nicht verwunderlich. Der frühere Marburger Kirchengeschichtler Ernst Benz ging sogar so weit zu sagen, daß es das «Rosétum» des Mauburnus gewesen sei, aus dem Luther während seines Aufenthalts im Erfurter Augustiner-Kloster das Meditieren gelernt habe. Dem wird zwar gelegentlich widersprochen. Unbestritten ist jedoch Luthers Kenntnis und Wertschätzung dieses wichtigen Kompendiums. Größeres Gewicht aber hat die Tatsache, daß er das innere Leben bei sich selbst und in seinem weitausgreifenden Werk hoch eingeschätzt hat.

Eine schlichte Regel, der er selbst gefolgt ist, lautet: «Am

Abend mußt du auf jeden Fall eine Stelle aus der Heiligen Schrift im Gedächtnis mit dir zu Bette nehmen, womit du, *wiederkäuend* wie ein reines Tier, sanft einschlafen magst; es soll aber nicht viel sein, eher ganz Weniges, aber gut durchdacht und verstanden. Und wenn du am Morgen aufstehst, sollst du es wie die Hinterlassenschaft des Gestern vorfinden.»

Dieses recht animalisch anmutende Bildwort vom wiederkäuenden Tier entspricht nicht etwa einer zufälligen Wortwahl. Das lateinische Grundwort für diesen Vorgang der Einverleibung – «ruminare» beziehungsweise «ruminatio» – ist in der abendländischen wie in der morgenländischen Meditationsliteratur reich bezeugt. Bereits die Väter des östlichen Mönchtums, unter ihnen Pachomius im 4. Jahrhundert, benutzten die Vokabel als Terminus technicus für den gemeinten Vorgang. Denn dieses «Wiederkäuen» besagt konkret: Man spricht das Schriftwort halblaut vor sich hin, wiederholt es, läßt es in sich nachklingen, läßt es in sich schließlich wortlos «da» sein, so daß der Meditationsinhalt in die Tiefen der menschlichen Psyche eindringen und dort Wurzeln schlagen kann. Und weil Meditation einst in der Hauptsache ein tieferes Eindringen in die Schrift und eine Vergegenwärtigung des göttlichen Wortes zum Ziel hatte, suchte Luther seine religiöse Erfahrung aus dieser Quelle zu schöpfen. Voraussetzung war für ihn die mystische «Conformitas», das innere Konform und Gleichförmigwerden.

So heißt es in einer seiner Wittenberger Vorlesungen: «Niemand vermag würdig über irgendeine Schriftstelle zu reden oder sie zu hören, wenn die Bewegung seines Gemütes nicht (der Schrift) *gleichförmig* ist, so daß er innerlich versteht, was er äußerlich hört, und sprechen muß: Ei, so ist es wahrhaftig.»

Wohl hat Martin Luther mancherlei Anleitung gegeben, wie das betende Meditieren geschehen könne. Wohl hat er sich in Briefen und in Schriften als ein Seelenführer betätigt.

Doch das Verdienst, am Anfang der Neuzeit der Meditation in bestimmter Weise fördernde Anstöße gegeben zu haben, kommt zweifellos Luthers entschiedenem Gegenspieler zu: Ignatius von Loyola.

Sein Hinweg zur Meditation, man kann auch sagen: seine Berufung zum Seelenführer, erfolgt in einem entscheidenden Augenblick seines Lebens, zugleich an einem Wendepunkt der abendländischen Kirchen- und Geistesgeschichte. Biographisch gesehen, ist es die Lebenswende eines knapp Dreißigjährigen, der die Krise zur Zeit der Lebensmitte zu bestehen hat. Historisch betrachtet, tritt die lutherische Reformation in eine wichtige Phase ihrer Entwicklung ein. Denn Mitte April 1521 steht der Mönch Martin Luther in Worms vor Kaiser und Reich, um über sein Tun Rechenschaft abzulegen. Statt sich jedoch den äußeren Autoritäten – Kaiser und Papst, Staat und Kirche – zu unterwerfen, proklamiert er eine neue Autorität. Es ist das an der Vernunft und an der Heiligen Schrift orientierte Gewissen. Nicht was die traditionellen Instanzen gebieten, soll künftig für ihn und seinesgleichen den Ausschlag geben, sondern die «Freiheit des Christenmenschen». Eine Freiheit freilich, die die soziale Verantwortung zur Folge hat.

Luthers These lautet: «Ein Christenmensch ist ein freier Herr aller Dinge und niemandem untertan; ein Christenmensch ist auch ein dienstbarer Knecht aller Dinge und jedermann untertan.»

Und Ignatius? – Der spanische Offizier Don Iñigo de Loyola wird bei der Verteidigung der nordspanischen Grenzfestung Pamplona schwer verwundet. Eine Kugel zerschmettert ihm das rechte Bein. Man schreibt den 20. Mai 1521, also knapp vier Wochen nach dem Wormser Reichstag. Während Luther auf der Wartburg an der Verdeutschung des Neuen Testaments arbeitet, vertieft sich der wiederholt operierte Patient auf dem väterlichen Schloß Loyola in zwei geistliche

Werke. Nachdem die schwere Verwundung die Zukunftspläne des Karrierebewußten zerschlagen hat, ist eine völlige Neuorientierung unumgänglich geworden. Eine Sammlung mit Heiligenlegenden und die «Vita Jesu Christi» des Ludolf von Sachsen sind Loyolas geistige Nahrung in diesen schweren Monaten.

Um in den nachfolgenden Monaten den harten Seelenkämpfen gewachsen zu sein, bedarf er entsprechender Hilfen der geistlichen Orientierung, der Ermutigung und der Vergewisserung, daß der einzuschlagende Weg einer völligen Neuorientierung der richtige Weg sei. Als eine solche Hilfe erweist sich für den «Pilger» Ignatius das spirituelle Lehrwerk des Bendiktiners Garcia de Cisneros, das sogenannte «Exercitatorio», eine Schule des geistlichen Lebens. Es handelt sich um eine Anthologie mit Anweisungen für das meditative Leben. Dieses «Exercitatorio» bezeichnet zugleich die Stelle, an der die niederländische Devotio Moderna und das erwähnte «Rosétum» des Mauburnus auf die romanische Frömmigkeit einzuwirken beginnen. Wie zuvor schon Martin Luther, wird nun auch Ignatius von dieser spirituellen Strömung erfaßt.

Es ist offensichtlich nicht allein der Titel, den Ignatius von seinem spanischen Lehrmeister übernimmt, als er seine eigenen meditativen Erfahrungen niederlegt, nämlich unter der Überschrift «Exercitia Spiritualia». Aus dem bisherigen Offizier wird geradezu schlagartig ein «Soldat Jesu». Jedenfalls versteht er sich von nun an als einer, der das «Fähnlein» Jesu, die «Societas Jesu» zusammenfügt. Kam es ihm einst auf die Erfüllung der militärischen Disziplin an, so gilt es fortan, ein geistliches Exercitium zu praktizieren. Gemeint ist ein Übungsweg, der insbesondere das bewußte Vorstellen, das Fühlen und das Wollen einbezieht.

Alle Sinne gilt es zu disziplinieren. Zu aktivieren ist das innere Sehen, das innere Hören, das Empfinden, so als ob bestimmte äußere Objekte, Personen oder Situationen zu beobachten seien. Innerlich sind sie zu imaginieren, etwa Szenen aus dem Leben Jesu.

Auch der bereits erwähnte Ludolf von Sachsen, ein Kartäusermönch des 14. Jahrhunderts, übernimmt als Seelenführer des Spaniers Vorbildfunktion. Sein Rat geht dahin, das Leben des irdischen Jesus so in die Betrachtung hineinzunehmen, daß es in leibhafter Gegenwart erlebt werden kann.

In seinen «Meditationes» schreibt Ludolf: «Wenn du aber (aus dem Leben Jesu) eine Frucht ernten willst, so mußt du dich von ganzem Gemüt mit Sorgfalt, Lust und Muße, ohne alle Sorgen und Kümmernisse, in die Gegenwart der Worte und Taten des Herrn Jesus und der Berichte über sie hineinversetzen, als ob du sie mit deinen Ohren hörtest und mit deinen Augen vor dir sähest, denn sie sind das Allersüßeste für denjenigen, der sie mit Verlangen überdenkt und vielmehr schmeckt. Und obwohl viele Dinge davon gleichsam als Taten der Vergangenheit erzählt werden, sollst du sie doch alle bedenken, als geschähen sie in deiner *Gegenwart*, denn ohne Zweifel wirst du dadurch größere Lust empfinden. Lies also, was geschehen ist, als geschähe es *jetzt!* Stelle dir die vergangenen Ereignisse vor Augen, als wären sie dir *gegenwärtig*, so wirst du an ihnen mehr Geschmack und Vergnügen finden.»

*Imaginative Vergegenwärtigung*

Man sieht, welch große Bedeutung der Imaginationskraft beigemessen wird. Statt nur theologische Gehalte oder Bedeutungen zu bedenken, sind hier alle Sinne am Meditationsgeschehen zu beteiligen, obwohl dieses meditative Sehen, Hören, Wahrnehmen und dergleichen «innen», also vorstellungsmäßig zu geschehen hat.

Ignatius von Loyola ist diesen Anregungen gefolgt. So nüchtern und so soldatisch entschieden seine Ausführungen in den «Exercitia Spirtualia» anmuten, auf die Aktivierung der Sinne wird nicht verzichtet. Das über vier Wochen sich erstreckende Übungssystem weist der anschauenden Einbildungskraft des so Meditierenden vielfältige Aufgaben zu. In der Phase, in der der Exerzitienmeister beispielsweise die einzelnen Stadien der Passion Christi vergegenwärtigen läßt, ist unter anderem Jesu Gang nach Jerusalem und die Vorbereitung des letzten Abendmahls innerlich anzuschauen. Da heißt es: «Die Geschichte heranziehen, die hier ist: Wie Christus, unser Herr, von Bethanien aus zwei Jünger nach Jerusalem sandte, um das Abendmahl zu bereiten, und danach selbst mit den anderen Jüngern dazu hinging...»

Und nun knappe Anweisungen für die Betrachtung: «Den Weg von Bethanien nach Jerusalem erwägen, ob er breit, ob eng, ob eben und so weiter. Ebenso den Raum des Abendmahls, ob groß, ob klein, ob in der einen Weise oder ob in einer anderen... Die Personen des Abendmahls sehen. Und indem ich mich auf mich selbst zurückbesinne, mich bemühe, irgendeinen Nutzen aus ihnen zu ziehen... Hören, was (die Personen) sprechen... Schauen, was sie tun... Erwägen, was Christus, unser Herr, in seiner Menschheit leidet oder leiden will, je nach der Begebenheit, die man betrachtet. Und hier mit viel Kraft beginnen und mich anstrengen, um Schmerz zu empfinden.»

Es mag auffallen, wie knapp und wie freilassend die Anweisungen für die imaginative Vergegenwärtigung der Evangelienberichte gehalten sind. Demzufolge bleibt dem einzelnen überlassen, die innere Szenerie eines Evangelienbildes aufzubauen und auszugestalten.

Dem scheint jedoch die militärische Strenge der ignatianischen Spiritualität zu widersprechen. Geradezu sprichwörtlich geworden ist der sogenannte «Kadaver-Gehorsam», der ebenfalls dem einzelnen abverlangt wurde. Da konnte die Kritik an den Exerzitien nicht ausbleiben.

Zu den entschiedenen Kritikern gehörte am Anfang dieses Jahrhunderts neben Rudolf Steiner der Theologe Friedrich Rittelmeyer. Selbst ein erfahrener Meditationslehrer, schrieb er in den zwanziger Jahren: «Ablehnen müssen wir die Willenserziehung, die in den jesuitischen Exerzitien und verwandten Übungen vor uns steht. Dabei wird nicht in Abrede gestellt, daß sie den Willen in hohem Grade schulen und stärken. Sie brechen den Eigenwillen. Aber sie brechen auch den eigenen Willen. Aus der Zeit, in der sie entstanden sind, und aus dem Zweck, dem sie dienen sollten, ist dies verständlich. Aber es fehlt ihnen die Achtung vor dem werdenden Ich und seinen individuellen Möglichkeiten und Aufgaben. Es fehlt ihnen die Schonung für die im Menschen heranreifende Freiheit...» Der Preis, der für die Willensformung zu zahlen ist, sei demnach viel zu hoch. Heute sei auf den Wegen der Meditation ein anderes Ziel anzustreben: nicht «Jesus der Erdenkönig», sondern «Christus als Herr des höheren Ich».

Nun ist an der Berechtigung solcher Zielsetzungen gewiß nicht zu zweifeln. Unter veränderter Bewußtseinslage ist dem nachzudenken. Doch was die individuelle Freiheit des Übenden anlangt, so hat der Autor der Exerzitien der erwähnten Kritik vorneweg die Spitze genommen, wenn er in den einleitenden Erläuterungen auf das Verhältnis von Exerzitienmeister und dem Übenden zu sprechen kommt. Auffälligerweise weist er den Anleiter an, sich zurückzunehmen, um das innere Gestalten und Erleben der ihm Anvertrauten gerade nicht zu beeinträchtigen. Wörtlich heißt es da:

«Wenn derjenige, der betrachtet, das wirkliche Fundament der biblischen Geschichte nimmt, es *selbständig* durchgeht und bedenkt, etwas findet, was die Geschichte ein wenig mehr erläutern oder verspüren läßt..., so ist es von mehr Geschmack und geistlicher Frucht, als wenn der, der die

Übungen gibt, den Sinn der Geschichte viel erläutert und erweitert hätte. Denn nicht das viele Wissen sättigt und befriedigt die Seele, sondern das Innerlich-die-Dinge-Verspüren- und -Schmecken.»

Mit anderen Worten: Es bedarf nicht ausführlicher theologischer Interpretation oder von außen kommender Reflexion; die Eigenerfahrung kann nicht ursprünglich und eigenständig genug sein. Auffälligerweise ist auch die Bezeichnung «Exerzitienmeister» vermieden, gemäß dem Evangelienwort: «Einer ist euer Meister, Christus; ihr aber seid alle Brüder.» Von dem, «der die Übungen gibt», heißt es dann: «Er darf nicht den, der sie empfängt, mehr zu Armut oder einem Versprechen als zu deren Gegenteil bewegen noch zu dem einen Stand oder der einen Lebensweise mehr als zu einer anderen... Er soll sich also weder zu der einen Seite wenden oder hinneigen noch zu der anderen, sondern in der Mitte stehend wie eine Waage unmittelbar den Schöpfer mit dem Geschöpf wirken lassen.»

So gibt es weitere Anweisungen, die einer geistlichen Bevormundung widersprechen. Zweck und Ziel der Übungen setzen vielmehr Respektierung des individuellen Freiraums voraus: «Deshalb ist es nötig, daß wir uns gegenüber allen geschaffenen Dingen in allem, was der Freiheit unserer Entscheidungsmacht gestattet und ihr nicht verboten ist, indifferent machen.»

Was den Wert der Exercitia Spiritualia betrifft, so ging C. G. Jung so weit, Weg und Werk des Ignatius dem indischen Yoga an die Seite zu stellen, sicher eine sehr hohe Einschätzung seiner Lebensleistung! Ja, der Schweizer Psychologe meinte sogar, diese Geistlichen Übungen stellten die einzige geistlich-geistige Schulungsmethode dar, die im Laufe der letzten vier Jahrhunderte im Westen entwickelt worden sei.

Das hieße aber das Feld der abendländischen Meditation und Seelenführung beträchtlich einengen. Eine längst fällige historische Darstellung zu diesem wichtigen Thema hätte indes aufzuzeigen, wie der Strom meditativer Bemühungen bis heute weitergeflossen ist, auch wenn er sich streckenweise als Unterströmung dem öffentlichen Bewußtsein in Kirche und Gesellschaft entzogen hat. Völlig versiegt ist er nicht. Es trifft freilich zu, daß dem ignatianischen Exerzitienbuch zunächst keine vergleichbare Schulungsmethode an die Seite zu stellen ist. Was berechtigt aber, von einer meditativen Unterströmung zu sprechen?

## *Mystik und Kontemplation*

Es liegt im Wesen der Meditation, daß sie in der Regel nicht oder nicht nur aus Büchern erlernt wird. Innere Erfahrung kann zwar von niemandem «vermittelt» werden. Man muß sie selbst machen, so wie man einen Weg selbst gehen muß. Aber doch gibt es auf dem inneren Pfad Situationen, wo Führung und Geleit eines Erfahrenen von unschätzbarem Wert sein können. Meditation und Seelenführung gehören prinzipiell zusammen, auch wenn der Seelenführer beziehungsweise der Meditationsanleiter sich in dem Moment überflüssig machen *muß*, indem der Anfänger die nötige Selbständigkeit erlangt hat.

In den geistlichen Orden erfolgte und erfolgt diese Führung im Rahmen der geistlichen Ausbildung ebenso wie durch den täglichen Vollzug in der Gemeinschaft. Darüber hinaus aber sprechen die Sinnzeichen des Glaubens, die Symbole ihre eigene Sprache. Ihrer kann man inne werden. Alles kann zum Symbol werden, das seine eigentümliche, stille Sprache spricht, die Aufmerksamkeit verlangt und Schweigen gebietet. Und wo man diesem leisen Wink folgt, geschieht bereits Meditation. Sie ist an keine religiöse Thematik gebunden, eben weil grundsätzlich jedes Naturwesen zum Objekt

der Meditation werden kann: ein Wassertropfen, der an einem
Blatt bebt, oder eine brennende Kerze, ein Grashalm oder ein
Kieselstein. So ist schon natürlicherweise für den Fluß meditativer Erfahrung gesorgt. Hinzu treten insbesondere jene
Werke großer Kunst, die zum Stillwerden auffordern, Schöpfungen, von denen man ahnt, daß sie nicht allein technischer
Fertigkeit entstammen, sondern als Resultate eines inneren
Wegs anzusehen sind, ganz gleich, ob ein einzelner Künstler
oder das Schaffen vieler am Anfang stehen. Da sind die außerordentlichen Werke der Baukunst, eine romanische Krypta,
die unnennbare Geborgenheit vermittelt, oder ein gotischer
Chorraum mit seinen himmelanstrebenden Linien oder die
Lichtaura des Auferstandenen auf dem Isenheimer Altar...
Wieder anders spricht da das Symbol der Luther-Rose: die
geöffnete Blüte, in ihrem Grund das menschliche Herz, das
ein schlichtes Kreuz bedeckt:

> «Des Christen Herz auf Rosen geht
> Wenns mitten unterm Kreuze steht.»

Aber nicht beim religiösen Sinngehalt wird der Meditierende,
der zum schweigenden Grund der Kontemplation Dringende
stehenbleiben. Er wird vom Betrachten, vom Denken,
Schauen und Sinnen ausgehen und ins gegenstandslose Innesein eintauchen, jedoch ohne ins bewußtseinsferne Träumen
abzugleiten. Das wache Innesein als solches ist ihm genug.
Hier spricht man von Kontemplation und gegenstandsloser
Meditation. Die Übung des Zazen setzt hier an; sie kennt kein
Objekt, das gleichsam in den Mittelpunkt der Aufmerksamkeit und Betrachtung gerückt würde.

Dieser Entäußerung entspricht – mit anderem Vorzeichen,
könnte man sagen – ein jüngerer Zeitgenosse und Landsmann
des Ignatius, nämlich Johannes vom Kreuz. Bezog Ignatius in
der angedeuteten Weise die Sinne ins Meditationsgeschehen
ein, so ging Johannes den inneren Weg gleichsam in der

entgegengesetzten Richtung. In seinem berühmten «Aufstieg zum Berge Karmel» drücken dies die Verse aus:

> «Willst du dahin gelangen, alles zu kosten, suche in nichts Genuß.
> Willst du dahin gelangen, alles zu wissen, verlange in nichts etwas zu wissen.
> Willst du dahin gelangen, alles zu besitzen, verlange in nichts etwas zu besitzen.
> Willst du dahin gelangen, alles zu sein, verlange in nichts etwas zu sein.
> Willst du erlangen, was du nicht genießt, mußt du hingehen, wo du nichts genießt.
> Willst du gelangen zu dem, was du nicht weißt, mußt du hingehen, wo du nichts weißt.
> Willst du gelangen zu dem, was du nicht besitzt, mußt du hingehen, wo du nichts besitzt.
> Willst du erlangen, was du nicht bist, mußt du hingehen, wo du nichts bist.»

Im Hintergrund von all dem steht eine «negative Theologie», die auf jegliche Bilder oder Vergleiche total verzichtet. Es ist jene Theologie, die die abendländische Mystik nachhaltig beeinflußt hat. Verfolgt man die Entwicklung weiter, dann entsprach es wohl dem allgemeinen Duktus der neuzeitlichen Bewußtseinsgeschichte, daß die Sinnenwelt auf der Schwelle zur Neuzeit jedoch immer näher rückte. Zwar erhob die Reformation das verkündigte und deutende Wort der Schrift zur höchsten Instanz christlicher Religiosität. In ihrer schweizerischen Ausprägung inszenierte sie einen regelrechten Bildersturm. Aber das Bedürfnis, durch Bildbetrachtung und Meditation die Tiefenregionen des geistlichen Lebens zu erschließen, konnte dadurch nicht völlig verdrängt werden. In Gestalt von Meditationsbildern artikulierte sich dieses Bedürfnis in der sinnenfrohen Zeit des Barock.

Der Symbolforscher Alfons Rosenberg, dem wir unter anderem eine aufschlußreiche Darstellung der «christlichen Bildmeditation» verdanken, bemerkt hierzu: «Wenn solche geistlichen Bilder auch nicht eine allgemeine und weite Verbreitung gefunden haben, weil ihre Urheber im Verdacht der Häresie standen und darum mancher Verfolgung und Mißdeutung ausgesetzt waren, so wurden sie doch als Meditationsbilder von den kontemplativ gesinnten Seelen ungemein hochgeschätzt.

Und ähnlich wie die Mystik im Protestantismus als ein verborgener Grundwasserstrom, das heißt vom Grunde her, unsichtbar weiterwirkte, so sind auch diese Meditationsbilder Führungen zur Einkehr, zur Einsicht, zur Erleuchtung. Sie waren einst von jenen Gläubigen der Reformationskirchen, die, des öffentlichen Religionsbetriebes müde, eine Erneuerung und Gestaltwerdung des Glaubens anstrebten... mit innerem Gewinn zu Rate gezogen werden.»

## *Jakob Böhme*

Um ein Beispiel zu geben, sei an dieser Stelle nur an die zahlreichen Kupferstiche erinnert, die den Schriften Jakob Böhmes seit der ersten Gesamtausgabe von 1682 beigefügt sind. Dieser zweifellos bedeutendste, auch geistesgeschichtlich wirksamste nachreformatorische Mystiker und Theosoph hat zwar keine methodische Einführung in die Meditation geschrieben, die als protestantisches Gegenstück zu den ignatianischen Exerzitien angesehen werden könnte. Böhme war aber in praxi ein Geisteslehrer und Seelenführer. Das zeigen seine zahlreichen an Schüler und Freunde adressierten «Theosophischen Sendbriefe». Und einigen meditativ gehaltenen kleineren Schriften ist zu entnehmen, welche Anregungen er für den inneren Weg eines Christen gegeben hat.

In den Traktaten, die unter dem Titel «Christosophia oder Weg zu Christo» zusammengefaßt sind, zeichnet Böhme einen christlichen Einweihungsweg nach, der die Transformation des alten, vergänglichen Menschen und die Geburt des in Christus erneuerten Menschen zum Ziel hat. Da liest man etwa:

> «Du sollst dir das Leiden und Auferstehen Christi *einbilden* und zum Eigentum in dich fassen.»

Gemeint ist das Imprägniertwerden durch die Lebensmacht des Christus, die den Tod und die Todesüberwindung umschließt. Den meditativen Vorgang, der in eine entsprechende ethische Haltung eingebettet ist, hat Jakob Böhme einen Prozeß genannt. Wer ihm darin folgen will, dem schärft er ein:

> «Dieser ergreife nur die Worte Christi und wickle sich in Christi Leiden und Tod ein!»

Hinzu tritt der Appell zu rückhaltloser Entschlossenheit, jetzt und hier übend zu beginnen und nur ja nicht zu zögern. Es ist der Rat des erfahrenen Seelenführers, der da lautet: Der Meditierende «raffe Sinne und Gemüt mit aller Vernunft zusammen in eines und mache sich zur selben Stunde, alsbald in der ersten Betrachtung... einen gewaltigen Vorsatz, daß er *diese* Stunde und *diese* Minute alsobald will in die Buße eingehen und von dem gottlosen Wege ausgehen, auch aller Welt Macht und Ehre für nichts achten.»

Damit ist der Eintritt in die große Gelassenheit, in das bedingungslose und rückhaltlose Lassen bezeichnet, durch das sich der Meditierende völlig leermacht. Böhme scheut sich nicht, diese und ähnliche Wendungen mehrmals zu wiederholen. Das entspricht nicht nur seiner Diktion; es entspricht vor allem dem Gesetz der Wiederholung, das in der spirituellen Exerzitienliteratur zur Geltung zu bringen ist. Wesentlich war für Böhme als einem Zeitgenossen des Dreißigjährigen Krieges die Gewißheit, daß eine neue Zeit anbrechen werde, das Zeitalter, das die Menschheit mit einem neuen Geist erfüllt. Auf sie müsse man sich innerlich einstellen, denn: «Es kommt eine Zeit, da die Morgenröte des Tages anbricht... Der Fiedler hat seine Saiten schon aufgezogen. Der Bräutigam kommt... Es ist nunmehr Zeit, vom Schlafe aufzuwachen.» (Vgl. J. Böhme: Aurora)

*Ein neuer Weg?*

Die Ahnung, an der Schwelle eines neuen Bewußtseins zu stehen, wurde immer wieder einmal geäußert. Aber die Rationalität, die Naturwissenschaften und die technischen Möglichkeiten der Weltbewältigung verrückten den Schwerpunkt menschlichen Strebens von innen nach außen. Man sprach daher von Geistvergessenheit und von Gottesfinsternis, von Seelenverlust und Sinnentleerung, um die eingetretenen spirituellen Defizite pauschal zu benennen.

Tatsächlich hatte die menschliche Ratio in den zurückliegenden Jahrhunderten ein vielbestauntes Bild von Mensch, Welt und Wirklichkeit aufgerichtet. Was meßbar, zählbar, wägbar ist, hat darin seinen Platz gefunden. Was sich jedoch unterhalb oder oberhalb der als normal angesehenen Bewußtseinslage des «modernen» Menschen manifestiert, wurde dagegen mit großer Skepsis, mit Vorurteilen, wenn nicht mit offener Ablehnung beantwortet. Was die Mystiker und Romantiker aller Zeiten den Seelengrund oder den «Weltinnenraum» nannten, schien vergessen.

Als sich zeigte, daß die Hüter traditioneller Methoden der Menschenführung angesichts der Herausforderungen der neuen Zeit die Antwort schuldig bleiben mußten, war eine zeitgemäße Seelen- und Geistesforschung gefragt. Gefragt waren neue Zugänge zum inneren Weg.

Noch ehe die Angebote östlicher Schulungsmethoden einer breiteren Öffentlichkeit bekannt waren, wurden in Mitteleuropa Wege der Selbsterkenntnis und der Meditation ausgearbeitet und erprobt. An erster Stelle ist die Anthroposophie Rudolf Steiners zu nennen. Einen anderen, auf Selbsterfahrung und Therapie ausgerichteten Weg entwickelte die Tiefenpsychologie mit ihren verschiedenen Schulen. Ganz ohne Anleihen bei der Tradition kam keiner dieser Versuche aus.

## Der anthroposophische Weg

Was die Anthroposophie betrifft, so waren es in erster Linie die verschiedenen kulturellen Impulse, die von dem Werk Rudolf Steiners ausgegangen sind und die – trotz manchen Widerspruchs – weitgehend rezipiert worden sind. Während beispielsweise die Waldorfpädagogik, die anthroposophische Medizin und Heilmittelherstellung, die biologisch-dynamische Landwirtschaft und künstlerische Bestrebungen aller Art allgemein bekannt wurden, wird leicht übersehen, daß Anthroposophie – wörtlich: «Weisheit beziehungsweise Erkenntnis des Menschen» – in erster Linie ein Erkenntnisweg ist.

Dieser Ansatz ist schon deshalb zu betonen, weil Steiners zeitweilige Zusammenarbeit mit den anglo-indischen Theosophen den Anschein erweckte, er vermenge lediglich östliches mit westlichem Überlieferungsgut und mache es in seiner neuen Lehre für den westlichen Menschen mundgerecht.

Dabei drückt er sein Selbstverständnis von Anfang an so aus: «Ich will auf die Kraft bauen, die es mir ermöglicht, ‹Geistesschüler› auf die Bahn der Entwicklung zu bringen...» Oder mit den Worten seiner anthroposophischen Leitsätze: «Anthroposophie ist ein Erkenntnisweg, der das Geistige im Menschenwesen zum Geistigen im Weltall führen möchte.»

Man könnte diese Erkenntnis auch als eine solche beschreiben, die sich nicht allein an die bekannten Methoden, etwa an die der Naturwissenschaft hält, sondern die auch die spirituelle Dimension der Wirklichkeit in den Blick zu bekommen versucht. Deutlicher wird dies, wenn man sich mit dem anthroposophischen Erkenntnisweg vertraut macht. Ihrem Begründer kommt es entscheidend darauf an, bei allem Respekt vor den spirituellen Überlieferungen in West und Ost das dort Gefundene nicht etwa nur zu wiederholen. Er will mit seinem meditativen Übungen den Menschen da ansprechen, wo er als Abendländer bewußtseinsgeschichtlich heute steht.

Was heißt das praktisch? – Das heißt, der Meditierende muß sich freihalten von allen Elementen der Suggestion, der Faszination oder der Autorität, die von außen kommen kann, etwa in Gestalt eines Meditationslehrers oder eines christlichen Exerzitienmeisters. Dieses Prinzip der individuellen Freiheit, das uns in Ansätzen schon bei Ignatius begegnet ist, duldet lediglich die Beratung des Unerfahrenen durch den Erfahrenen. – Andererseits soll das Meditationsgut klar überschaubar sein, es sei ein Wort, ein Meditationsgegenstand, etwa ein Kristall, eine Pflanze oder dergleichen. Die Forderung der Überschaubarkeit gilt für das Meditationsgeschehen als solches. Dieser Forderung kann auf dem anthroposophischen Erkenntnisweg entsprochen werden, weil er prinzipiell beim disziplinierten Denken ansetzt, ehe man zu Übungen weitergeht, die auch das Fühlen und das Wollen einbeziehen.

Steiner sagt: «Im Gebiete des abstrakten Vorstellungslebens erreicht der Mensch seine Vollbewußtheit. Es obliegt ihm im weiteren Menschheitsfortschritt, die Vollbewußtheit in die Erfahrungen aus der geistigen Welt hineinzutragen. Darin mußt der wahre Menschheitsfortschritt in die Zukunft hinein bestehen.»

Biographisch gesehen, ist Steiners Ausgangs- und Zielpunkt verständlich, wenn man berücksichtigt, daß er von der

Naturwissenschaft herkam und an erkenntnistheoretischen Problemen interessiert war, ehe er die Grundlegung der anthroposophischen Esoterik in Angriff nahm und ehe er in die von ihm gezeigte Meditation in Wort und Schrift einführte. Wenn er dem Denken eine gewisse Priorität zusprach, dann sagte er sich: «Die Gedanken, die (dem Übenden) gegeben werden, stellen selbst eine Kraft dar, welche in seiner Gedankenwelt weiter wirkt. Diese Kraft wird in ihm tätig sein; sie wird schlummernde Anlagen wecken. Wer der Meinung ist, die Hingabe an ein solches Gedankenbild sei überflüssig, der ist im Irrtum. Denn er sieht in dem Gedanken nur das Wesenlose, Abstrakte. Dem Gedanken liegt aber eine lebendige Kraft zugrunde.»

Weil das so ist, ist der gezeigte innere Weg an keine bestimmten äußeren Bedingungen geknüpft. Man muß weder einer bestimmten Gesellschaft oder Gruppe angehören, noch werden besondere bildungsmäßige Vorleistungen verlangt. Vorausgesetzt ist lediglich inneres Gleichgewicht und seelische Gesundheit. Und wenn «rückhaltlose, unbefangene Hingabe» zur Bedingung gemacht ist, dann richtet sich diese nicht auf eine Autorität oder Instanz. Es ist die Wirklichkeit als solche, wie sie uns begegnet, der man sich vorurteilsfrei öffnen möge. Der Ratschlag lautet generell: «Man lasse die Dinge und Ereignisse mehr *zu sich* sprechen, als daß man über sie spreche... Nur diejenigen Augenblicke sind solche der Erkenntnis, wo jedes Urteil, jede Kritik schweigen, die von uns ausgehen.»

Oder auf mögliche Gegenstände der Betrachtung beziehungsweise der Meditation angewandt.: «Wenn ich einen Stein, eine Pflanze, einen Menschen beobachte, soll ich eingedenk sein können, daß sich in all dem ein Ewiges ausspricht. Ich soll mich fragen können, was lebt als Bleibendes in dem vergänglichen Stein, in dem vergänglichen Menschen? Was wird die vorübergehende sinnliche Erscheinung überdauern?

Man soll nicht glauben, daß solches Hinlenken des Geistes zum Ewigen die hingebungsvolle Betrachtung und den Sinn für die Eigenschaften des Alltags in uns austilge und uns der unmittelbaren Wirklichkeit entfremde. Im Gegenteil: Jedes Blatt, jedes Käferchen wird uns unzählige Geheimnisse enthüllen, wenn unser Auge nicht nur, sondern *durch* das Auge der Geist auf sie gerichtet ist.»

In diesem Stadium könnte man von «naturaler» oder gegenständlicher Meditation sprechen. Ein höheres Maß an Konzentration ist erforderlich, wenn man gemäß der Anleitung Steiners ein Sinnbild, ein Symbol nicht als bereits vorfindliches Gebilde meditiert, sondern imaginativ, also durch innere Vorstellung in sich entstehen läßt. Das Doppelsymbol von Kreuz und Rose in Gestalt des traditionsreichen Rosenkreuzes bietet sich hierzu an. Entscheidend ist dabei nicht der Sinngehalt, etwa daß das Kreuz den Tod des «niederen Ich» symbolisiert und die Rose die Erweckung des neuen Menschen. Wichtig ist vielmehr die Übung der Imaginationskraft als solche, die für die innere Entwicklung eines solchen Seelenbildes benötigt wird. Dadurch wird das Seelenvermögen gestärkt und das Bewußtsein qualitativ erweitert, auch wenn man dies noch nicht «Erkenntnis der höheren Welten» nennen kann, die in der Anthroposophie eine so große Rolle spielt. Diese und ähnliche Übungen bewegen sich noch im Vorfeld. Sie bedürfen der Ergänzung durch andere.

*Der Christus-Impuls*

Was denkerisch begonnen hat, worauf die Kräfte des Fühlens und imaginativen Erlebens geruht haben, das ist durch einen entschiedenen Willensakt wieder zu «löschen». Der Meditationsgegenstand war ja nur ein Vehikel, ein Mittel zum Zweck, um den Schritt von der Sinnenwelt nach innen zu tun.

Man bleibt so wach wie bisher, aber das Be-Denken, das Be-Trachten bedarf nun keines Objekts mehr.

Man erfährt gleichsam die «Fülle des Nichts», jedoch ohne daß der Gedanke «Nichts» gedacht werden muß. Das wache Da-Sein des Meditierenden genügt. Das Stadium der schweigenden Kontemplation in Geistes-Gegenwart ist erreicht. Oder soll man nicht bescheidener sagen: Das Tor dahin ist aufgestoßen? Die hier angeführten Beispiele erwecken wohl den Eindruck, daß die Distanz zwischen den Steinerschen Übungen und denen der mittelalterlichen Mystiker oder auch denen des Ignatius von Loyola beträchtlich seien. Das ist nicht von der Hand zu weisen. Auf einem anderen Blatt steht freilich, aus welchem Grund das so ist. Vom Ansatz her ist der meditative Innenweg der Anthroposophie ein Weg zur spirituellen Erkenntnis, der – um es nochmals zu sagen – «das Geistige im Menschenwesen zum Geistigen im Weltall führen möchte».

Und doch darf daraus nicht geschlossen werden, Steiner breche mit der christlichen Tradition. Der Christus, der Christus-Impuls sind die geheime Mitte und das offenbare Ziel auch der Erkenntnisbemühungen Rudolf Steiners. Selbst seine entschiedenen Kritiker, zu denen der evangelische Theologe und frühere Indien-Missionar Friso Melzer gehört, müssen einräumen: «Wie immer Rudolf Steiner auch die Meditation verstanden haben mag: ihm gebührt das Verdienst, in einer intellektualisierten modernen Welt als erster wieder von Meditation gesprochen zu haben.»

Nun hat er nachweislich nicht nur «von Meditation gesprochen», wie man weiß. Am Beispiel des schon erwähnten Theologen Friedrich Rittelmeyer kann man ablesen, welche Förderung gerade ein Christ durch den anthroposophischen Erkenntnisweg erfahren kann, wenn er die dort erlangten Einsichten in freier Weise auf die biblische Meditation anwendet. In seinem immer wieder aufgelegten Meditationsbuch hat er Schritt um Schritt dargestellt, wie sich das Johannesevangelium durch imaginative Vergegenwärtung erschließen läßt. Rittelmeyer beruft sich wiederholt auf seinen spirituellen Lehrer Rudolf Steiner. Doch damit bricht auch er nicht mit der abendländischen Tradition der geistlichen Übung, denn tatsächlich wendet er eine Methodik an, die sowohl Ludolf von Sachsen als auch Ignatius geübt haben. Steiners und Rittelmeyers entschiedene Ablehnung des «Jesuitismus» ändern nichts an dieser Tatsache. So kann selbst Friso Melzer einräumen: «Soweit im Abendlande ein einzelner bereits Johannes von sich aus verstehen und auslegen konnte, hat Rittelmeyer es vermocht.»

### Der tiefenpsychologische Weg

Nun haben wir schon eine über Jahrhunderte ausgedehnte Wegstrecke abgeschritten. Wir haben uns mancherlei Formen der Meditation und der Seelenformung vor Augen geführt, obwohl das nur in selektiver Weise geschehen konnte. Darüber sollen jene Praktiken nicht unerwähnt bleiben, die in tiefenpsychologischen Zusammenhängen entwickelt worden sind und in der Psychotherapie angewendet werden.

Zu den bekanntesten Methoden gehört das autogene Training. Das von dem ehemals Berliner Nervenarzt Johannes Heinrich Schultz entwickelte Verfahren zielt vordergründig darauf hin, durch Entspannungsübungen Spannungszustände, Schmerzen, Funktionsstörungen und dergleichen zu überwinden. In den ersten beiden Jahrzehnten dieses Jahrhunderts führte Schultz ausgedehnte hypnotische Heilbehandlungen durch.

Seine Beobachtungen führten ihn zu einem Ergebnis, das er so formuliert hat: «Hypnotisieren heißt: einen Menschen zur Selbsthypnose anleiten. Alles, was irgendwie mit ‹Ausstrahlung› und ähnlichen Dingen zusammenhängt, ist Phantasie; Hypnose ist ein rein psychologisches Verfahren, den Menschen zu einer Umschaltung zu veranlassen.»

Die Erkenntnis, daß eine solche «organismische Umschaltung» herbeigeführt werden könne, war die Voraussetzung für die Entwicklung jenes Übungssystems, das – wie Schultz sagt – «sich ganz aus dem inneren Selbst des Patienten schrittweise» entwickle. Daher die Bezeichnung «autogen» für das, was sich «von selbst gestaltet», hier freilich verbunden mit einem gewissen Exercitium, dem Training, das in der Oberstufe den Elementen der Meditation näherkommt. Doch die ärztliche Zielsetzung steht im Vordergrund. Daß hypnotische, auch hypnoseähnliche Verfahren von Problemen eigener Art begleitet sind, muß an dieser Stelle außer Betracht bleiben. Einsichtig aber ist der Unterschied, ob ich etwa von klar überschaubaren Denkübungen ausgehe oder ob ich mir suggestive Befehle gebe, deren Wirkungen sich alsbald in somatische und damit dem bewußten Ich entzogene Bezirke erstrecken. Der ärztlichen Begleitung kommt daher eine nicht geringe Bedeutung zu.

Das gilt analogerweise auch für die «Aktive Imagination». Sie gehört in den Zusammenhang der Analytischen Psychologie C. G. Jungs, der dieses Verfahren entwickelt hat. Wer sein Leben und die Entstehung seines Werks genauer kennt, der weiß, daß auch die Aktive Imagination aufs engste mit dem geistig-seelischen Prozeß zusammenhängt, den ihr Initiator zu durchlaufen hatte. Gemeint ist vor allem die Persönlichkeitskrise nach Jungs Trennung von Freud. Sie stellte sich ihm als eine ernste Konfrontation mit seinem eigenen Unbewußten dar.

Darüber schreibt Jung mit erstaunlicher Offenheit in seinen Erinnerungen: «Um die Phantasien, die mich unterirdisch bewegten, zu fassen, mußte ich mich sozusagen in sie hinunterfallen lassen. Dagegen empfand ich nicht nur Widerstände, sondern ich fühlte auch ausgesprochene Angst. Ich fürchtete, meine Selbstkontrolle zu verlieren und eine Beute des Unbewußten zu werden; und was das heißt, war mir als Psychiater nur allzu klar. Ich mußte jedoch wagen, mich dieser Bilder zu bemächtigen. Ein wichtiges Motiv bei diesen Erwägungen bildete der Umstand, daß ich von meinen Patienten nichts erwarten konnte, was ich selber nicht zu tun wagte.»

Jung ging das Wagnis seiner «Nachtmeerfahrt» in die Tiefen des Unbewußten ein. Er erfuhr einen beträchtlichen Zugewinn an Selbsterkenntnis. Die damit zusammenhängende Aktive Imagination entspricht nun einer Auseinandersetzung mit den Hervorbringungen des Unbewußten in Form von Bildern, Figuren und inneren Szenerien. Man imaginiert sie, und man setzt sich mit ihnen auseinander. Das heißt: Man läßt sie gleichsam ohne eigenes Zutun vor dem inneren Auge entstehen und tritt in einen Dialog mit diesen Gestalten ein. Das hat ganz zwanglos und völlig selbstverantwortlich zu geschehen. Man muß sich freilich von den Phantasien einer etwaigen Wunscherfüllung freihalten, will man nicht in eine innerseelische Gefangenschaft hineingeraten. Schon aus diesem Grund hat der Psychotherapeut zu entscheiden, wann die Aktive Imagination angezeigt ist.

Die Aktive Imagination verzichtet somit bewußt auf irgendwelche Meditationsinhalte. Jung hat immer wieder betont, der moderne Mensch sei bereits von Bildern, Vorschriften und von Kollektivsuggestionen aller Art überflutet. So benötige er eigentlich keine zusätzlichen Meditationsgegenstände, sieht man einmal von den geläufigen religiösen Symbolen ab, die freilich einer Aufschlüsselung bedürfen.

Dem wird kaum zu widersprechen sein. Es ist aber auch das andere wahr und beherzigenswert: Gerade weil die Flut der Bilder und der Wörter die menschliche Psyche zu überschwemmen droht, ist ein besonnener Umgang mit dem Wort und mit dem Bild ebenso geboten wie das übungsmäßige Eintauchen in das gegenstandslose Wachsein.

Jung selbst gibt da und dort eine Handhabe, mit der er die Väter der christlichen Meditation in überraschender Weise bestätigt, wenn es beispielsweise um die innere Vergegenwärtigung von Evangelienbildern geht. Jung schreibt in «Symbolik des Geistes»:

> «Das menschliche und das göttliche Leiden bilden zusammen eine Komplementarität mit kompensierendem Effekt...»

Konkret heißt das: «Durch das Symbol kann der Mensch die wirkliche Bedeutung seines Leidens erkennen: Er ist auf dem Wege zur Verwirklichung seiner Ganzheit... Das Drama des archetypischen Christuslebens beschreibt in symbolischen Bildern die Ereignisse im bewußten und im bewußtseinstranszendenten Leben des Menschen, der von seinem höheren Schicksal gewandelt wird.»

Damit schließt sich der Kreis, in den wir hineingetreten sind, als wir eingangs einige Stimmen des römischen Altertums hörten. Jener Philosophenkaiser Marc Aurel riet nicht nur: Gönne dir immer wieder eine bestimmte Art der Zurückgezogenheit; – er fügte auch hinzu: «Kurz und elementar seien die Sätze, die schon beim Gedanken an sie genügen werden, deine ganze Seele rein zu spülen und dich zu geleiten...»

Das damit angesprochene Geleit lenkt unsere Schritte in unbetretenes Land. Grenzen sind zu überschreiten. Keiner kann vorweg wissen, was ihm bzw. ihr bevorsteht, wenn er einen Weg der Meditation oder einer anderen spirituellen Übung betritt. So ist auch niemand auf das Kommende hinreichend vorbereitet, und sei es ein innerer Weg zu Christus. Aus diesem Grund mag es hilfreich sein, einige entscheidende Schlüsselerlebnisse vor Augen zu haben, von denen wir aus der Religions- und Geistesgeschichte wissen. Und wenn sich auch das je eigene Erlebnis in den allerseltensten Fällen mit dem vergleichen läßt, was den «Großen auf diesem Gebiet» widerfahren ist, so handelt es sich doch da wie dort um Grenzüberschreitungen, um spirituelle Durchbrüche, zumindest um eine durchgreifende Lebenswende, wodurch Sein und Bewußtsein eines Menschen erneuert werden. Von den damit verknüpften Qualitäten der Erfahrung ist jetzt zu sprechen. Was aber ist eigentlich «Er-Fahrung»?

# Grenzüberschreitungen

Schlüsselerlebnisse
vor dem spirituellen Durchbruch

Erfahrung gehört zu den Grundworten des spirituellen Lebens. Fragt man nach einer Begriffsbestimmung, dann wird man inne, wie schwer es ist, das jeweils Gemeinte in seiner Tiefe und Vielfalt zu beschreiben. Hilfreich mag es sein, sich an Momente der Selbsterfahrung zu erinnern oder Berichte von Erfahrungen anderer auf sich wirken zu lassen, vor allem außerordentliche, bedeutungsvolle.

Nun gibt es recht unterschiedliche Formen des Erlebens: solche, die sich Stunde um Stunde und Tag für Tag aneinanderreihen, Erlebnisse, die wir gleichsam achtlos absolvieren, ohne daß sie nennenswerte Eindrücke hinterlassen. Die bunte Vielfalt des Erlebten verschwindet alsbald unterhalb der Schwelle unseres Bewußtseins. Es wird vergessen. In unseren Träumen mag sich das eine oder andere Erlebnisbild nochmals in Erinnerung rufen, weil es offenbar doch wert gewesen ist, bedacht oder gar bearbeitet zu werden. – Auf der anderen Seite sind da jene Erlebnisse, die sich aus dem Fluß der Alltäglichkeit herausheben, Erlebnisse, die Einzigartigkeit beanspruchen. Es sind jene seltenen, besonderen und daher unauslöschlichen Lebensmomente, die Höhe- oder Wendepunkte eines Lebenslaufs markieren. Es kann sich um Schlüsselerlebnisse handeln, die geeignet sind, eine bis dahin ungeahnte Seite der Wirklichkeit zu erschließen.

Auch hier ist eine Unterscheidung zu treffen: Das eine Erlebnis wird «erreicht», nachdem man einen äußeren oder inneren Weg zurückgelegt hat. Hier kann man sinnvollerweise von «Er-fahrung» sprechen. Das Sprichwort sagt: Wenn einer eine Reise tut, so kann er was erzählen. – Das hierbei Erlebte setzt eben voraus, daß man sich «auf den Weg gemacht» hat. Erfahrung hieße demnach im übertragenen Sinn: durch Fahren Kenntnisse erwerben, durch eine Hin-Fahrt zu Menschen und Dingen bestimmte Wahrnehmungen machen und Einsichten gewinnen.

## Spirituelle Erlebnisse

Es gibt aber auch die andere Erlebnisart, bei der man sich weder räumlich fortbewegt hat noch einen inneren Weg der Schulung, der Reflexion, der Meditation oder Kontemplation gegangen ist. Es gibt den Moment, in dem ein Mensch plötzlich und unvermittelt von einer Wahrnehmung, einem Erlebnis überrascht wird. So können sich spirituelle Erlebnisse einstellen, ohne daß eine vorherige Ankündigung erfolgt ist oder ohne daß man sich darauf vorbereiten konnte. Dazu gehören die Einbrüche und Erschütterungen, die vom Transzendenten her erfolgen und die ein Menschenleben geradezu schlagartig verändern: Der Geist weht, wann und wo er will. Es sind die großen Erfahrungen einzelner, die zum Erlebnis- und Erkenntnisschatz der Menschheit gehören.

Von solchen Erfahrungen berichten die heiligen Schriften der Völker ebenso wie die Biographien von Einzelpersonen. Das eine Mal handelt es sich um Offenbarungen, die geeignet sind, auf Jahrhunderte und Jahrtausende hin ganze Kulturepochen zu prägen. Es sind die Erleuchtungs- und Berufungserlebnisse der Religionsstifter, die Ungezählten den Weg weisen und das Heil verbürgen. Das andere Mal beschränkt sich das Widerfahrnis auf den einzelnen Menschen. Doch auch hier weist das Erlebte oft über die eigene Person hinaus, insofern der Betroffene eine Erkenntnis gewonnen oder eine Inspiration empfangen hat, die er nicht für sich allein behalten darf. Er fühlt sich innerlich gedrängt, davon Zeugnis abzulegen.

## Friedrich Nietzsche

Wer selbst einmal von einem außerordentlichen Erlebnis heimgesucht worden ist, das seinem Leben einen Prägestempel eingedrückt hat, der kann nur mit innerer Bewegtheit davon berichten – sofern er auf Menschen trifft, denen er seine Innenerfahrung anvertrauen zu können meint. Aber wie läßt sich eine solche Erfahrung, etwa die Erfahrung einer Inspiration, auf einen deutlichen Begriff bringen? Friedrich Nietzsche hat in «Ecce homo» den Versuch einer Beschreibung des Erlebten unternommen:

«Mit dem geringsten Rest von Aberglauben in sich würde man in der Tat die Vorstellung, bloß Inkarnation, bloß Mundstück, bloß Medium übermächtiger Gewalten zu sein, kaum abzuweisen wissen. Der Begriff Offenbarung, in dem Sinn, daß plötzlich mit unsäglicher Sicherheit und Feinheit, etwas sichtbar, hörbar wird, etwas, was einen im Tiefsten erschüttert und umwirft, beschreibt einfach den Tatbestand. Man hört, man sucht nicht; man nimmt, man fragt nicht, wer da gibt; wie ein Blitz leuchtet ein Gedanke auf, mit Notwendigkeit, in der Form ohne Zögern – ich habe nie eine Wahl gehabt. Eine Entzückung, deren ungeheure Spannung sich mitunter in einen Tränenstrom auslöst, bei der der Schritt unwillkürlich bald stürmt, bald langsam wird; ein unvollkommenes Außer-sich-sein mit dem distinktesten Bewußtsein einer Unzahl feiner Schauder und Überrieselungen bis in die Fußzehen; eine Glückstiefe, in der das Schmerzlichste und Düsterste nicht als Gegensatz wirkt, sondern als bedingt, als herausgefordert, als eine notwendige Farbe innerhalb eines solchen Lichtüberflusses; ein Instinkt rhythmischer Verhältnisse, der weite Räume von Formen überspannt – die Länge, das Bedürfnis nach einem weitgespannten Rhythmus ist beinahe das Maß für die Gewalt der Inspiration, eine Art Ausgleich gegen den Druck und Spannung...»

Es unterliegt keinem Zweifel: Hier spricht einer, der Eigenerlebtes zu bezeugen hat, einer, der sich mit der Paradoxie konfrontiert sieht, überwältigt zu sein und doch gleichzeitig ein ungeahntes Freiheitserlebnis zu erlangen. Die Bilder und Gleichnisse, die das Gemeinte andeuten sollen, erweisen sich als unzulänglich, ja, sie sind eher noch Ausdruck des Uneigentlichen.

Nietzsche fährt fort: «Man hat keinen Begriff mehr, was Bild, was Gleichnis ist, alles bietet sich als der nächste, der richtigste, der einfachste Ausdruck. Es scheint wirklich, um ein Wort Zarathustras zu erinnern, als ob die Dinge selber herankämen und sich zum Gleichnis anböten: ‹Hier kommen alle Dinge liebkosend zu deiner Rede und schmeicheln dir, denn sie wollen auf deinem Rücken reiten. Auf jedem Gleichnis reitest du hier zu jeder Wahrheit. Hier springen dir alle Seins-Worte und Wort-Schreine auf; alles Sein will hier Wort werden, alles Werden will von dir reden lernen...› – Dies ist *meine* Erfahrung von Inspiration...» Und Nietzsche fügt die anspruchsvolle Behauptung hinzu: «Ich zweifle nicht, daß man Jahrtausende zurückgehn muß, um jemanden zu finden, der mir sagen darf, ‹es ist auch die meine›.»

Ist sie es denn? Und sind Erfahrungen dieser Art wirklich so dünn gesät, wie der Ecce-homo-Autor vermutet? Relativ selten sind Schlüsselerlebnisse und die Erfahrungen eines geistig-geistlichen Durchbruchs zweifellos. Aber räumt man ein, daß nur verhältnismäßig wenige dieser Erlebnisse zuverlässig bezeugt sind und literarisch festgehalten werden, dann dürften sich derlei Erfahrungen sehr viel häufiger einstellen, als Nietzsche nahelegen möchte. Das zeigt bereits ein Gang durch die Geistesgeschichte der beiden letzten Jahrtausende. Und man muß nicht bei den Initialerlebnissen beginnen, die den Grundbestand der christlichen Überlieferung ausmachen, etwa die Auferstehungsvisionen der Jerusalemer Urgemeinde, das Damaskuserlebnis des Apostels Paulus oder das Offenbarungsgeschehen des Johannes auf Patmos. Auch wer keinen glaubensmäßigen Zugang zu den Inhalten der christlichen Botschaft hat, der wird doch einräumen können, daß außerordentliche Innenerfahrungen gemacht worden sein müssen, ehe das Evangelium seinen Weg in die Welt antreten konnte.

### Augustinus

Beginnen wir mit Aurelius Augustinus: Der aus dem nordafrikanischen Thagaste stammende Philosoph und Rhetor steht in der Lebensmitte, als ihm die Stunde seiner Lebenswende schlägt. In glühender Wahrheitssuche hat er sich in das philosophische Schrifttum der Antike vertieft, in die Werke Ciceros und der Neuplatoniker. Der Religionsphilosophie der Manichäer hat er sich angeschlossen, und das Ethos des Christentums übte eine gleichsam untergründige Faszination auf ihn aus. Denn den entscheidenden letzten Schritt, der zur Kehre, zur Bekehrung nötig gewesen wäre, vermochte er lange nicht zu tun. Dabei schienen die intellektuellen Hindernisse beseitigt, nach der Lektüre Plotins und der paulinischen Briefe.

Was folgt, mutet wie eine Kette alltäglicher Ereignisse an. Man schreibt das Jahr 386. Ein afrikanischer Landsmann besucht Augustinus und erzählt von den ägyptischen Wüstenvätern, deren ethischer Rigorismus ihn tief beeindruckt, ja, beschämt. Auch Alypius, Augustins naher Freund und Zeuge seines geistigen Ringens, ist zugegen. Im Bekenntnisbuch «Confessiones» ist das Erleben dieses Augenblicks festgehalten.

Augustinus beginnt: «Wie geschieht uns, Alypius? Was ist das? Hast du's gehört? Ungelehrte raffen sich auf und reißen den Himmel an sich, und wir mit unserer Schulweisheit ohne Herz, wir wälzen uns in Fleisch und Blut! Schämen wir uns, daß sie uns voraus sind und wir erst hinterdrein kämen, und sollten uns doch schämen, nicht einmal nachzukommen!»

Auch Alypius ist bestürzt. Wortlos hört er den Aufschrei seines Freundes. Denn was er vernimmt, ist keine formal brillierende Rhetorik. Das ist existentielle Rede. Es ist das Ende aller Rhetorik und aller Schönrednerei. Unauslöschlich hat sich dem Autobiographen und Confessor diese jähe Erfahrung vom Sommer 386 eingeprägt, wenn er notiert: «Das war ja nicht ein Reden wie sonst bei mir. Mehr als die Worte, die ich hervorstieß, sprachen Stirn und Wange und Auge und die Farbe des Gesichts und der Ton der Stimme von einer Gemütsverfassung.»

Augustin stürzte in den Garten. Der Freund hinter ihm her. Ist der zutiefst Aufgewühlte noch bei Sinnen? Wird er sich etwas antun? Aber der will allein sein. Mit tränenerstickter Stimme verlangt er's und wird verstanden. Denn das, was nun zu entscheiden ist, duldet weder Rat noch Stellvertretung. Er will allein sein: «Wie lange noch, wie lange dieses ‹morgen, ja morgen›? Warum nicht heute? Warum nicht in dieser Stunde das Ende meiner Schmach?»

Da hört Augustinus die Stimme eines Kindes aus dem Nachbarhaus im Singsang wiederholen: ‹Tolle, lege – nimm es, lies es; nimm es, lies es!› – Augenblicklich entspannt er sich. Ja, er meint in dieser Kinderstimme in voller Klarheit eine innere Stimme, eine Stimme von oben zu vernehmen, der er auf der Stelle zu antworten habe: «So ging ich eilend wieder an den Platz, wo Alypius saß, denn dort hatte ich das Buch des Apostels (Paulus) hingelegt, als ich aufgestanden war. Ich begriff es, schlug es auf und las still für mich den Abschnitt, auf den zuerst mein Auge fiel: ‹Nicht in Schmausereien und Trinkgelagen, nicht in Schlafkammern und Unzucht, nicht in Zank und Neid; vielmehr ziehet an den Herrn Jesus Christus und pflegt nicht des Fleisches in seinen Lüsten.› Weiter wollte ich nicht lesen, und weiter war es auch nicht nötig. Denn kaum war dieser Satz zu Ende, strömte mir Gewißheit als ein Licht ins kummervolle Herz, daß alle Nacht des Zweifels hin und her verschwand.»

Das ist das klare Geständnis eines Überwältigten. Ein über zwölf und mehr Jahre sich erstreckendes Ringen mit seinen geistigen Einsichten und mit seinen moralischen Niederlagen hat in dem Zweiunddreißigjährigen zum Ziel geführt: ein lange vorbereitetes Spontanereignis, die Lebenswende, unnachahmlich, weil einzigartig. Freilich bedarf das individuell Zugesprochene noch der sakramentalen Einwurzelung: «So wurden wir getauft, und von Stund an wich die Unruhe wegen des vergangenen Lebens von uns.»

Alle konkreten Folgerungen ergeben sich für Augustinus nun wie von selbst. Das neue Leben kann beginnen. Und auch darin gibt es immer wieder Momente, die sich aus dem Lauf des Alltäglichen herausheben, ohne spektakulär zu sein. Hier nur dieses eine: Mit Bekehrung und Taufe ihres Sohnes ist der sehnlichste Wunsch von Mutter Monika in Erfüllung gegangen. Damit hat sich auch das Leben der Sechsundfünfzigjährigen erfüllt. Als Mutter und Sohn voneinander Abschied nehmen, es ist in einem Haus in Ostia, da werden beide in ein Erleben hineingenommen, das für einen Augenblick spricht von einer «geheimen Fügung». Vor einem Fenster stehend, sind Mutter und Sohn in ein vertrautes Gespräch vertieft, zum letzten Mal: «Wir unterhielten uns also allein, köstlich innig und vergessend, was vor uns liegt, fragten wir uns im Angesicht der Wahrheit, die du – Gott – bist, welcher Art wohl dereinst das ewige Leben der Heiligen sei... Da erhoben wir uns mit heißer Inbrunst nach dem wesenhaften Sein; und wir durchwanderten stufenweise die ganze Körperwelt, auch den Himmel...»

Zurück bleibt alles Menschliche, Irdische, alles Vorläufige, Zeitgebundene. Augustinus kann den Erlebnismoment nur andeutend beschreiben: «Während wir so redeten von dieser ewigen Weisheit, voll Sehnsucht nach ihr, da streiften wir sie beide in einem vollen Schlag des Herzens.»

Nur dieses «vollen Schlags des Herzens» bedarf es, mehr nicht. Davon wissen alle die Zeugnis abzulegen, die wie Augustinus, jedoch auf die ihnen ganz persönlich zugemessene Art und Weise, die Transparenz der Transzendenz, das Durchscheinendwerden der anderen Dimension der Wirklichkeit erspürt haben, etwa die Männer und Frauen, die wir als Mystikerinnen und Mystiker ansprechen: Ein imaginärer Vorhang zerreißt, und ein ungeahnter Blick tut sich auf: Vision. Eine imaginäre Saite beginnt zu schwingen: Inspiration.

### *Hildegard von Bingen*

Der rheinischen Ordensfrau Hildegard von Bingen erging es so. Das Außerordentliche war ihr von Jugend auf vertraut. Sie meinte daher, daß auch andere Menschen die zweifache Wahrnehmungsmöglichkeit zu Gebote stehe, neben dem leiblichen Hören und Sehen das innere Vernehmen und Schauen.

Und doch erlebte sie den Empfang ihrer inneren Gesichte, von denen sie in ihren Schriften berichtet, in besonderen Momenten. So heißt es beispielsweise in Hildegards Buch «Scivias» (Wisse die Wege): «Im Jahre 1141 der Menschwerdung Jesu Christi, des Gottessohnes, als ich zweiundvierzig Jahre und sieben Monate alt war, kam ein feuriges Licht mit

Blitzesleuchten vom offenen Himmel hernieder. Es durchströmte mein Gehirn und durchglühte mir Herz und Brust gleich einer Flamme, die jedoch nicht brannte, sondern wärmte wie die Sonne den Gegenstand erwärmt, auf den sie ihre Strahlen legt. Nun erschloß sich mir plötzlich der Sinn der Schriften, des Psalters, des Evangeliums und der übrigen katholischen Bücher des Alten und des Neuen Testamentes. Doch den Wortsinn ihrer Texte... erlernte ich dadurch nicht.»

Wer die Visionärin gefragt hat, was in jenen Momenten der übersinnlichen Wahrnehmung in und mit ihr vorgehe, dem gab sie zur Antwort: «Die Gesichte, die ich schaue, empfange ich nicht in traumhaften Zuständen, nicht im Schlafe oder in Geistesgestörtheit, nicht mit den Augen des Körpers oder den Ohren des äußeren Menschen und nicht an abgelegenen Orten, sondern wachend, besonnen und mit klarem Geiste, mit den Augen und Ohren des inneren Menschen, an allgemein zugänglichen Orten, so wie Gott es will. Wie das geschieht, ist für den mit Fleisch umkleideten Menschen schwer zu verstehen.»

Was anderen zu einem einmaligen Schlüsselerlebnis geworden ist, das einen Prozeß der Wesenswandlung oder der Erleuchtung in Gang gebracht hat, bei Hildegard gehörte diese Wahrnehmungsart zur Persönlichkeitsstruktur. Und doch gab es für sie immer wieder neue Anläufe des Schauens und Erkennens. Auf diese Weise empfing sie die ihr zugesprochene prophetische Vollmacht und jenen hohen Grad an Selbstbewußtsein.

Damit steht die rheinische Benediktinerin nicht allein. In den Nonnenviten, den legendendurchwobenen Lebensbeschreibungen mittelalterlicher Ordensfrauen, die sich aus späteren Jahrhunderten erhalten haben, taucht das Motiv des Erhobenseins, des Schauens wie des Innewerdens oftmals auf. Lassen wir einmal die psychologische wie die literarische

Problematik beiseite, die mit diesen Schilderungen verbunden ist, an der Tatsächlichkeit eines solchen spirituellen Erlebens ist nicht zu zweifeln. Bisweilen mag es sich im Zustand der Andacht eingestellt haben, bisweilen bei einer alltäglichen Verrichtung. Nahezu in jedem Augenblick scheint die Geistesgegenwart bestanden zu haben.

So wird beispielsweise in der Chronik des elsässischen Dominikanerinnenklosters Unterlinden in Colmar von einer Ordensfrau berichtet: «Bei den göttlichen Betrachtungen erhob sich ihr Gemüt so hoch, und sie vergaß sich dabei so ganz in Gott, daß sie sich, wenn sie aus dem Chor ging, über das Gras, die Bäume und die Klostergebäude wunderte und meinte, es stehe alles zum ersten Male vor ihren Augen. – Einmal, als sie durch den Kreuzgang wandelte, wurde sie gewürdigt, den Himmel offen zu sehen, und erblickte darin eine solche Fülle von Glanz und Licht und Gloria, daß keine Zunge es aussprechen kann. Ein andermal, als sie sich am Gemeinschaftswerk beteiligte und spann, was sie immer sehr gewissenhaft mit andächtiger Hingabe besorgte, ergoß sich die Gnade und Süße des göttlichen Trostes so reich in ihr Innerstes, daß sie meinte, der Überreichtum dieser himmlischen Süßigkeit und Gnade fließe ihr aus dem Innern ihrer Seele sprudelnd hervor.»

## Mechthild von Magdeburg

Daß der fromme Überschwang dichterische Gestalt anzunehmen vermag, stellt Mechthild von Magdeburg in ihrem Buch vom «Fließenden Licht der Gottheit» bildkräftig und sprachmächtig unter Beweis. Wie wenigen vor und nach ihr ist es dieser Magdeburgerin gelungen, das innen Empfangene form- und aussagbar zu machen. Schöpfungsjubel und Seelenbeglückung verschmelzen miteinander, wenn sie dichtet:

«O du brennender Berg, o du auserwählte Sonne,
o du voller Mond, o du tiefer Bronnen,
o unerreichte Höhe, o Klarheit sonder Maßen,
o Weisheit ohne Grund, o Milde ohne Minderung,
o Stärke ohne Widerstand, o Krone aller Ehren:
Dich lobt der Kleinste, den du je geschaffen hast!
O du gießender Gott an deiner Gabe,
o du fließender Gott an deiner Minne,
o du brennender Gott an deiner Sehnsucht,
o du innigster Gott an deiner Einung,
o du ruhender Gott an meiner Liebe –
ohne dich ich nicht am Leben bliebe...
Dem Lieben hab ich mich gesellt,
wie Morgentau auf Blumen fällt.»

*Heinrich Seuse*

In ein poetisches Sprachgewand sind auch die Innenerlebnisse gekleidet, die Elsbeth Stagel von ihrem Seelenführer, dem Dominikaner Heinrich Seuse aufgezeichnet hat. Während sein philosophisch-theologischer Lehrer Meister Eckhart kühne Gedankenwege beschritten hat, um bis an die Tiefen der Gottheit heranzukommen, entfaltete Seuse die Herzkräfte des Gefühls. Elsbeth Stagel hat die übernatürliche Schau des Ordensmannes so beschrieben:

«Als er noch ein anfangender Mensch war, trug es sich einmal zu, daß der am Sankt-Agnes-Tag – es war nach dem Mittagessen des Konvents – in den Chor ging. Dort war er allein. Er stand an dem niederen Gestühl der rechten Seite. Um diese Zeit fühlte er sich durch schweres Leiden, das ihn überkommen, besonders beengt. Und wie er da so stand, des Trostes bar, und niemand in seiner Nähe war, da ward seine Seele entrückt, ob im Leib, ob außer ihm, das wußte er nicht.»

An dieser Stelle darf angemerkt werden, daß sich die Berichterstatterin Formulierungen bedient, die der Apostel Paulus für die Schilderung einer ähnlichen Begebenheit verwendet hat.

Und weiter heißt es von Seuse: «Was er da sah und hörte, läßt sich nicht in Worte fassen. Es hatte weder Form noch bestimmte Art und hatte doch aller Formen und Arten freudenreiche Lust in sich. Des Dieners Herz verlangte danach und fühlte sich doch gestillt, sein Sinn war freudvoll und bewegt. Wünschen war ihm entfallen, Begehren entschwunden. Er starrte nur in den hellen Abglanz, in dem er sich selbst und alles um sich vergaß. War es Tag oder Nacht? Er wußte es nicht. Ein Ausbruch war es von des ewigen Lebens Lieblichkeit, seinem Wahrnehmen gegenwärtig, bewegungslos, ruhig. Als er wieder zu sich kam, sagte er: ‹Wenn das nicht das Himmelreich ist, so weiß ich nicht, was Himmelreich ist...› Diese übermächtige Entrückung währte wohl eine Stunde, vielleicht auch nur eine halbe. Ob die Seele im Leibe geblieben, ob sie von ihm geschieden war, das wußte er nicht. Als er wieder zu sich zurückfand, war ihm wie einem Menschen, der aus der anderen Welt gekommen war.»

Was folgt, sind Worte des Erstauntseins und der Erschütterung, denn aussagbar ist das alles nicht, da nicht einmal die Dauer des vermeintlichen Außersichseins anzugeben ist. Anders als bei Hildegard, die im vollen Wachzustand die inneren Gesichte der kosmischen Schau erfuhr, muß Seuse gestehen, daß sein Ichbewußtsein herabgedämpft gewesen sei. Er habe erst wieder zu sich kommen müssen, um das traumartig Erlebte seinem Bewußtsein zu integrieren. Aus heutiger Sicht kann es nicht gleichgültig sein, ob eine übersinnliche Erfahrung in voller individueller Freiheit errungen beziehungsweise empfangen wird oder ob der Schauende lediglich passiv bleibendes Objekt eines solchen Erlebnisses wird. Wie die historischen Beispiele zeigen, wurden schon vor Jahrhunderten Erkenntniswege beschritten, auf denen der betreffende Mensch bei klarem Ichbewußtsein die Grenzen der Raumzeitlichkeit zu überschreiten vermochte. Das gilt auf der Schwelle zur Neuzeit vor allem von jenem Mann, der trotz seines geringen Standes wie kaum ein anderer das geistige Leben Europas nachhaltig beeinflußt hat: Jakob Böhme, der Görlitzer Schuhmacher im Jahrhundert des Dreißigjährigen Krieges.

## *Jakob Böhme*

Geistesgeschichtlich betrachtet, ist Böhme wohl das wichtigste Bindeglied in der Reihe der Denker, die sich von Meister Eckhart bis Hegel erstreckt, verband er doch die Ideen der deutschen Mystik, einschließlich die des Nikolaus von Kues, Martin Luthers und des Paracelsus, und schuf daraus eine Pansophie, eine Allweisheit. Dies tat er als ein anschauender Denker, wobei der Ton auf An-Schauung liegt. Nicht die in der modernen Philosophie angewandte Begriffskunst, sondern die kreaturnahe spirituelle Schaukraft ist es gewesen, die diesen «philosophus teutonicus» charakterisiert.

Kein Geringerer als Schelling stellte in seinen Berliner Vorlesungen über die «Philosophie der Offenbarung» dem Görlitzer Schuster das Zeugnis aus: «Man kann nicht umhin, von Jakob Böhme zu sagen, er sei eine Wundererscheinung in der Geschichte der Menschheit und besonders in der Geschichte des deutschen Geistes. Könnte man je vergessen, welcher Schatz von natürlicher Geistes- und Herzenstiefe in der deutschen Nation liegt, so dürfte man sich nur an ihn erinnern... Jakob Böhme ist wirklich eine theogonische Natur!»

Dazu wurde er nicht etwa auf dem Weg eines philosophischen, theologischen oder geisteswissenschaftlichen Studiengangs. Der schlichte Handwerker hat ja keine der hohen

Schulen seiner Zeit von innen gesehen. Das hatte er auch gar nicht nötig. Antwort auf die Menschheitsfragen nach dem Sinn, nach dem Grund des Seins, nach Herkunft und Dialektik von Gut und Böse konnte er gerade nicht von Kathederphilosophen und Kanzelpredigern erwarten, die sich – im Zeitalter von Orthodoxie und Aufklärung heftig befehdeten.

Am allerwenigsten konnte der lutherische Christ Böhme eine befriedigende Antwort von den Theologen seiner Konfession erwarten. Er sagte sich: «Wenn einer alle Schriften auswendig lernete und säße sein Leben lang in der Kirchen, bliebe aber an der Seelen Bildnis ein irdischer, viehischer (das heißt ein unveränderter) Mensch, der nur nach Falschheit im Herzen trachtet, so hilft ihm sein Heucheln nichts.»

Von woher soll und kann denn eine begründete Erkenntnis kommen? Böhme antwortet in seinen Theosophischen Sendbriefen, indem er auf den Menschen verweist und indem er sich auf die Tiefe des Seins beruft, in der er gründet:

«Denn nicht durch unsere scharfe Vernunft und Forschen erlangen wir den wahren Grund göttlicher Erkenntnis. Die Forschung muß von innen im Hunger der Seelen anfangen. Denn das Vernunftforschen gehet nur bis in sein Gestirn der äußeren Welt, daraus die Vernunft urständet. Aber die Seele forschet in ihrem Gestirn, als in der inneren geistlichen Welt, daraus die sichtbare Welt entstanden oder ausgeflossen ist, darinnen sie mit ihrem Grunde stehet... Es (be)darf hernach keines Forschens oder scharfer Mühe mehr. Es steht die Pforten offen. Es kann gar ein einfältiger Mensch dazu kommen, so er sich nur nicht selber mit seinem Wollen und Rennen widerstehet. Denn es lieget vorhin im Menschen; es darf (das heißt, es muß) nur durch Gottes Geist erwecket werden.»

Oder um noch ein Votum aus einer der Verteidigungsschriften Böhmes heranzuziehen, in der er seine Erkenntnisart gegenüber anderen Positionen abzusichern hatte: «Ich trage in meinem Wissen nicht erst Buchstaben zusammen aus vielen Büchern, sondern ich habe den Buchstaben in mir. Liegt doch Himmel und Erden mit allem Wesen, dazu Gott selber, im Menschen. Soll er dann in dem Buche nicht dürfen lesen, das er selber ist? – Wenn ich gleich kein ander Buch hätte als nur mein Buch, das ich selber bin, so hab ich Bücher g'nug. Liegt doch die ganze Bibel in mir. So ich Christi Geist habe, was (be)darf ich denn mehr Bücher? So ich mich selber lese, so lese ich in Gottes Buch.»

Dabei war Böhme kein Ignorant, er schätzte Bücher aus der Feder von Meistern sehr wohl. Und doch: Mit dieser Bestimmtheit und mit diesem hohen Maß an Selbstbewußtsein kann der einfache Handwerker vor die skeptische Öffentlichkeit hintreten, weil er weiß, aus welcher Quelle er schöpft und durch welches Initialerlebnis ihm diese Quelle erschlossen worden ist. Denn, so hält er seinen theologisch-orthodoxen Widersachern entgegen, die Böhmes Sachkompetenz in Zweifel ziehen und ihn der Irrlehre zu überführen suchen: «Gott hat mir das Wissen gegeben. Nicht ich, der ich der Ich bin, weiß es, sondern Gott weiß es in mir. Die Weisheit – die göttliche Sophia – ist seine Braut, und die Kinder Christi sind in Christo, in der Weisheit, auch Gottes Braut. So nun Christi Geist in Christi Kindern wohnt und Christi Kinder Reben am Weinstocke Christi sind, und mit ihm ein Leib sind, auch ein Geist, wem ist nun das Wissen? Ist es mein oder Gottes? Sollte ich denn nun nicht im Geiste Christi wissen, woraus diese Welt sei geschaffen, so derselbe in mir wohnet, der sie geschaffen hat...? Er neiget sich zu meiner Ichheit, und meine Ichheit neiget sich in ihn.»

Diese Sätze stehen in der Rechenschaft, die Jakob Böhme seinem berühmten Erstling, der «Aurora oder Morgenröte im Aufgang», vorausgeschickt hat. Dieses Buch, das der Siebenunddreißigjährige sich selbst «zum Memorial», also zu seiner Selbstvergewisserung niedergeschrieben hat, ist geradezu die Dokumentation seines Erkenntnisringens, an dessen Anfang die Wahrheitssuche eines jungen Mannes steht; es ist der literarische Niederschlag eines einzigartigen Erleuchtungserlebnisses, um das Jakob Böhmes gesamtes Schaffen kreist. Schlägt man das 19. Kapitel der «Aurora» auf, dann hat man die erste Fassung seines Erlebnisberichtes vor sich.

Da ist zunächst der Ausgangspunkt seiner Erkenntnissuche, seiner Bemühung um den Widerstreit von Gut und Böse, von Licht und Finsternis, von Gerechtigkeit und Ungerechtigkeit auf Erden: «Weil ich aber befand, daß in allen Dingen Böses und Gutes war, in den Elementen sowohl als in den Kreaturen, und daß es in dieser Welt dem Gottlosen so wohl ginge als den Frommen... ward ich derowegen ganz melancholisch und hoch betrübet, und konnte mich keine Schrift trösten...»

Und nun die entscheidenden Sätze aus dem Selbstbericht: «Als sich aber in solcher Trübsal mein Geist... ernstlich in Gott erhob als mit einem großen Sturme und mein ganz' Herz und Gemüte samt allen andern Gedanken und Willen sich alles darein schloß, ohne Nachlassen mit der Liebe und Barmherzigkeit Gottes zu ringen, und nicht nachzulassen, er segnete mich denn, das ist: er (Gott) erleuchtete mich denn mit seinem Heiligen Geiste, damit ich seinen Willen möchte verstehen und meiner Traurigkeit loswerden, so brach der Geist durch... Alsbald nach etlichen harten Stürmen ist mein Geist durch der Höllen Porten durchgebrochen bis in die innerste Geburt der Gottheit und allda mit Liebe umfangen worden, wie ein Bräutigam seine liebe Braut umfähet. – Was aber für ein Triumphieren im Geiste gewesen, kann ich nicht schreiben oder reden. Es läßt sich auch mit nichts vergleichen als nur mit dem, wo mitten im Tode das Leben geboren wird, und vergleicht sich der Auferstehung von den Toten.»

Ähnlich wie bei Augustinus oder bei den Schilderungen der mittelalterlichen Mystiker und Mystikerinnen ist das zugrundeliegende Erlebnis eines inneren Durchbruchs bereits reflektiert, das heißt mit den Symbolen und Metaphern der christlichen Tradition in Verbindung gebracht. Es liegt in der Natur derartiger Schilderungen, daß das jeweilige Überlieferungsgut mit seinen Bildern und Begriffen als formbarer Stoff verwendet wird. Was Böhme anlangt, so liegen bei Niederschrift dieser Zeilen volle zwölf Jahre zurück zwischen Bericht und Erlebnis. Angedeutet ist immerhin etwas von der Art des Schauens, wenn der Protokollant seiner Schilderung beifügt: «In diesem Lichte hat mein Geist alsobald durch alles gesehen und an Kraut und Gras Gott erkannt, wer der sei und wie der sei und was sein Wille sei. Auch so ist alsobald in diesem Lichte mein Wille gewachsen mit großem Trieb, das Wesen Gottes zu beschreiben.»

Das heißt doch, dieses initiale Durchbruchserlebnis stellt zugleich ein Potential dar, das den Schuhmacher zum Autor, den Handwerker zum theosophischen Schriftsteller werden läßt. Einen «feurigen Trieb» hat Böhme dieses Potential genannt, galt es doch, das Unsägliche trotz allem sagbar zu machen. Hier mag man sich jenes Wortes von Meister Eckhart erinnern, der dieses Sagen- und Bezeugen-Müssen einer spirituellen Erfahrung einmal so ausgedrückt hat:

«Wäre hier niemand gewesen, so hätte ich diesem
(Opfer-)Stock gepredigt.»

Nun mußte weder Eckhart einem Opferstock in einer leeren Kirche predigen, noch war es Jakob Böhme beschieden, in der Einsamkeit seiner Schusterstube nur für sich geschrieben zu haben. Die Geistesschau der beiden Männer verlangte gebieterisch nach Bezeugung, beide Male angesichts kirchlichtheologischer Diffamierung und Verfolgung! Und beider Botschaft hat die Verurteilungen ihrer kirchlichen Widersacher überdauert, auch wenn Zeiten der Vergessenheit ihr Werk verdeckt haben. Was sich Mal um Mal im Geheimnisraum des menschlichen Innern ereignet und zunächst nur denjenigen ergreift, für den es ausschließlich bestimmt zu sein scheint, das ist oft stark genug, um wie ein zündender Funke auf andere überzuspringen. Einmal vermag der geistige Funkensprung auf Jahrhunderte hin die Gedankenlandschaften zu erleuchten und Generationen zu faszinieren, zu impulsieren. Das andere Mal handelt es sich um ein Lichtsignal, das den einzelnen trifft, ihn betroffen macht und wachzurütteln vermag.

## *Joachim von Fiore*

Da ist beispielsweise jener kalabresische Zisterzienserabt Joachim von Fiore, dem sich in der nächtlichen Frühe eines Pfingstfestes in jäher Erleuchtung der Sinn der Heiligen Schrift, zugleich der Gang der Menschheitsgeschichte als ein dreigestaltiges Gefüge auftut. So geschehen um das Jahr 1190, als der Ordensmann ins Studium der Johannes-Offenbarung vertieft ist.

Er selbst schildert die Begebenheit als die Erfüllung eines langjährigen Ringens: «Als ich um die Matutin aus dem Schlaf erwachte, da nahm ich zur Meditation dieses Buch in die Hand. Da durchfuhr plötzlich, zu der Stunde, in der unser Löwe vom Stamme Juda auferstanden ist, eine Helligkeit der Erkenntnis die Augen meines Geistes und mir ward enthüllt die Erfüllung dieses Buches und die symmetrische innere Bezogenheit – die Concordia – des Alten und Neuen Testaments.»

Gemeint ist die Einsicht in die drei Zeiten, die vor seinem inneren Auge abrollen: die erste Zeit des Vaters, die sich auf das Alte Testament erstreckt, gefolgt von der zweiten Zeit oder dem zweiten Reich des Sohnes, das seit den Tagen des Neuen Testaments bis ins hohe Mittelalter andauert. Schließlich aber kommt die dritte Zeit, das dritte Reich des Heiligen

Geistes, das einen völlig neuen Weltzustand heraufführt. Unzählige haben die mit dieser Schau verbundene Geschichtsdeutung auf sich und auf ihr Tun bezogen, unter ihnen Revolutionäre, Hoffnungsvolle, jedoch von der Ungeduld Verzehrte. Ein Mann wie Thomas Müntzer war bei weitem nicht der letzte, der im Zeitalter des deutschen Bauernkriegs von sich sagte: «Auch bei mir ist das Gezeugnis des Abtes Joachim groß!» Noch in der faschistischen Perversion mit ihrem Appell vom sogenannten «Dritten Reich» ist ein ferner Nachhall jener freilich völlig verkannten Schau zu vernehmen.

## *Blaise Pascal*

Daneben steht das Innenerlebnis mit einer ganz anderen, sehr viel verhalteneren Wirkung; geschehen in der Nacht des 23. November 1654. Diesmal ist eine ziemlich genaue Zeitangabe möglich. Wir erfahren, das zu Bezeugende habe sich ungefähr zwischen zehneinhalb Uhr bis etwa eine halbe Stunde nach Mitternacht zugetragen. Der Zeuge ist Blaise Pascal, der große französische Mathematiker. Und das Belegstück ist der berühmte Zettel, den Pascal wohlweislich in sein Rockfutter eingenäht hat, um es stets bei sich zu haben, aber auch um ihn vor den Blicken anderer zu verbergen. Der Text beginnt mit dem Fanal:

> «Feuer
> Gott Abrahams, Gott Isaaks, Gott Jakobs,
> nicht der Philosophen und der Gelehrten Gott
> Gewißheit, Gewißheit, Empfinden, Freude, Friede
> Gott Jesu Christi...»

Der Ausruf «Feuer!» signalisiert geradezu das Urbild unmittelbarer Erfahrung. «Gewißheit, Gewißheit!» – da ist kein Beweis möglich, keine Rechtfertigung oder Begründung nötig. Und der Gelehrte, der mit den Erkenntnismethoden der Mathematik Vertraute, ist nicht länger von dem fasziniert, «was zu beweisen war» oder zu beweisen ist. Deshalb ist dem philosophisch nur gedachten Gott ein für allemal der Abschied zu geben. Der – ohne ein Mystiker zu sein – im Innersten Erschütterte beruft sich auf den lebendigen Gott. Es ist der existentiell Erfahrene, der Gott Abrahams, Isaaks und Jakobs, zugleich der je und je Erfahrbare.

Für den gerade einunddreißigjährigen Blaise Pascal hat die Stunde der Lebenswende geschlagen. Er kann nicht länger der bleiben, der er ist. Er muß sein Leben ändern, *sein* Leben. Das ist genug. Die Unerbittlichkeit, mit der er das getan hat, kann kein nachahmbares Exempel für andere sein. Und doch trifft die Charakteristik Romano Guardinis zu, der von Pascal gesagt hat: Ein methodischer Führer, ein Wegweiser sei er nicht, wohl aber eine «anrührende Macht, eine bewegende Erschütterung». Sie ergreift nicht die Massen, Generation um Generation, wohl aber den einzelnen, fordernd und gebietend. Und sei es, den eigenen Kairós, den eigenen erfüllten Lebensaugenblick wahrzunehmen, um das Entscheidende nicht zu versäumen. So geht es für Pascal seit der Mitternachtsstunde seiner Selbst- und Gotteserfahrung nicht um eine beliebig erörterbare Wahrheit, sondern allein um die Existentialität der Wahrheit. Sie ist konkret. Sie kommt aus dem Leben und sie führt gestaltend ins Leben hinein. Mit Recht hat Guardini darauf hingewiesen, daß es sich nicht um ein ruhevolles Schauen handle, sondern um einen unablässigen Kampf, um den Wahrheitskampf als Daseinsform.

Was das für den Autor jenes im Zustand einer Erschütterung verfaßten Memorials bedeutet, das ist in den Pascalschen «Pensées» in ihrer kompromißlos verpflichtenden Form einmal so ausgedrückt: «Der Gott der Christen ist nicht ein Gott, der bloß Urheber von mathematischen Wahrheiten und der Ordnung der Elemente wäre. Das wäre eine heidnische

Auffassung. Er ist auch nicht bloß ein Gott, der seine Vorsehung über das Leben und die Güter der Menschen ausübt, um denen, die ihn anbeten, eine glückliche Reihe von Jahren zu geben. Das wäre der jüdische Standpunkt. Sondern der Gott Abrahams, Isaaks und Jakobs, der Gott der Christen, ist ein Gott der Liebe und des Trostes. Er ist ein Gott, welcher die Seele und das Herz, von dem er Besitz genommen hat, erfüllt. Er ist ein Gott, der die Menschen ihr eigenes Elend und seine unendliche Barmherzigkeit fühlen läßt; der sich mit dem innersten Grunde ihrer Seelen vereinigt; der sie mit Demut, Freude, Vertrauen und Liebe erfüllt; der sie unfähig macht, ein anderes Ziel zu wollen als ihn selbst.»

## Emanuel Swedenborg

Neben diesem Zeugnis strenger Unerbittlichkeit, das dem menschlichen Selbstbestimmungswillen einen heftigen Stoß versetzt, nehmen sich andere spirituelle Erfahrungen wie eine Erweiterung des Freiheitsraums und eine Intensivierung des Bewußtseins aus. Das gilt insbesondere für solche Menschen, deren Lebensauftrag darin besteht, den Erkenntnishorizont aufzusprengen oder doch die Schleier, die über die Wirklichkeit gelegt sind, da und dort ein wenig zu lüften.

Ein solches Erleuchtungserlebnis wurde dem nordischen Geisterseher Emanuel Swedenborg zuteil. Der schwedische Gelehrte des 18. Jahrhunderts gehört zweifellos zu den Repräsentanten des geistigen Lebens seiner Zeit.

Der Sohn eines lutherischen Hofpredigers und späteren Bischofs hatte sich umfassende naturwissenschaftliche Kenntnisse angeeignet. 1734 war der Sechsunddreißigjährige mit seinem dreibändigen Werk «Opera philosophica et mineralia» an die wissenschaftliche Öffentlichkeit getreten. Mit seinen Beiträgen zur Entstehung des Planetensystems hatte er die Kant-Laplacesche Theorie vorweggenommen. Da trat die entscheidende Wende seines Forscherlebens ein.

Das Element des Seherischen war ihm zwar schon durch verschiedene visionäre Erlebnisse vertraut, aber was dem Siebenundvierzigjährigen spontan widerfuhr, das setzte ein Ende und einen Anfang, zunächst das Ende einer tiefen religiösen Krise. Swedenborg hielt sich in London auf. Es war Mitte April des Jahres 1745. Es war die Zeit, in der er einige seiner naturkundlichen und theologischen Schriften veröffentlicht hatte, darunter die Schrift «Über die Weisheit und Liebe Gottes». Doch die Problemlösungen, die er gefunden hatte, ließen die eigentliche Frage unbeantwortet, die Frage nach seinem weiteren Lebensweg. Und eben die beschäftigte ihn untergründig seit langem. Da trat das ein, was Swedenborg seinem Freund Robsam mitgeteilt hat:

«Ich war in London und speiste eben spät zu Mittag in meinem gewöhnlichen Speisequartier, in dem ich mir ein Zimmer reserviert hatte. Meine Gedanken waren mit den Gegenständen beschäftigt, die wir soeben besprochen hatten. Ich war hungrig und aß mit großem Appetit. Gegen Ende der Mahlzeit bemerkte ich, daß eine Art von Nebel sich über meine Augen verbreitete. Der Nebel wurde dichter, und ich sah den Boden meines Zimmers mit den scheußlichsten kriechenden Tieren bedeckt, als da sind Schlangen, Kröten und dergleichen. Ich war darüber erstaunt, denn ich war ganz bei Sinnen und bei vollem Bewußtsein. Die Finsternis nahm nun immer mehr überhand, verschwand jedoch plötzlich, und ich sah jetzt in einer Ecke des Zimmers einen Mann sitzen, der mich, da ich ganz allein war, durch seine Worte in Schrecken versetzte. Er sagte nämlich: ‹Iß nicht so viel!› Alles verdunkelte sich dann wieder, aber plötzlich wurde es wieder hell, und ich sah mich allein im Zimmer.»

Swedenborg ist irritiert. Auch kann er noch nicht wissen, in welche Richtung ihn dieses Spontanerlebnis lenken wird. Er geht nach Hause, ohne jemandem von dem Vorfall zu erzählen. In der folgenden Nacht erlebt er die Fortsetzung und Auflösung des am Mittagstisch Wahrgenommenen.

Nochmals tritt jener Unbekannte in Erscheinung. Jetzt gibt er sich zu erkennen. Im Bericht heißt es: «Der Mann sagte, er sei Gott der Herr, der Weltschöpfer und Erlöser. Er habe mich erwählt, den Menschen den geistigen Sinn der Heiligen Schrift auszulegen, und werde mir selbst diktieren, was ich über diesen Gegenstand schreiben solle. In der nämlichen Nacht wurden mir, um mich zu überzeugen, die Geisterwelt, die Hölle und der Himmel geöffnet, wo ich mehrere Personen meiner Bekanntschaft aus allen Ständen traf. Von diesem Tag an entsagte ich aller weltlichen Gelehrsamkeit und arbeitete nur noch in (geistlich-)geistigen Dingen, gemäß dem, was der Herr mir zu schreiben befahl. Täglich öffnete mir der Herr in der Folge die Augen meines Geistes, so daß ich imstande war, bei völligem Wachen zu sehen, was in der anderen Welt vorging. und ganz wach mit Engeln und Geistern zu reden.»

Erstaunlich, dieses Gemenge von Trivialität und Spiritualität! Kein Wunder, daß schon zeitgenössische Kritiker daran Anstoß genommen haben. Und doch ist gerade die eigenartige Mischung ein Indiz für die Echtheit und Glaubwürdigkeit des Berichteten. Dem theologisch und naturwissenschaftlich Gebildeten wäre es ja ein leichtes gewesen, seine Innererlebnisse nach der Art der prophetischen Berufungserlebnisse der Bibel auszustaffieren. Swedenborg aber verzichtete darauf. Er scheute sich nicht, sich zu dem banal und unvorteilhaft Erscheinenden zu bekennen. Er tat es um so weniger, als er die Metaphorik des Erlebten zu durchschauen vermochte, zum Beispiel die Mahnung, dem ihm eigenen Eßtrieb nicht länger zu frönen und damit einem Prozeß der Mäßigung zu folgen. Das scheußlich empfundene Getier empfand er als Hinweis darauf, daß er eine Reinigung und

Reifung durchmachen müsse, um seinem neuen Auftrag in angemessener Weise entsprechen zu können.

Schließlich handelte es sich um nichts Geringeres als um die Neuerschließung der Bibel. Dabei darf man hier einmal auf sich beruhen lassen, welcher Erkenntniswert den umfangreichen Swedenborgschen Auslegungen einst und heute beizulegen ist. Sein Biograph, der bereits zitierte Marburger Kirchenhistoriker Ernst Benz, resümiert, indem er das Initialerlebnis des nordischen Geistessehers in einen größeren Zusammenhang hineinstellt: «Der Vorgang erweist sich als echtes prophetisches Berufungserlebnis, das innerhalb der Geschichte der christlichen Frömmigkeit längst nicht so einzigartig ist, wie man geneigt ist zu glauben. Es gehört zu den wichtigsten Tatsachen in der Geschichte der christlichen Kirche, daß bereits im zweiten Jahrhundert die freien Äußerungen des Geistes in Gestalt der Prophetie und der Vision unterbunden wurden, und daß zusehends das kirchliche Amt und die kirchliche Lehre an ihre Stelle traten.»

Damit ist auf die Ketzergeschichte des Christentums angespielt, die als das große Tabuthema der Kirchengeschichtsschreibung angesehen werden muß, wenn man einerseits bedenkt, welche mächtigen Gedankenimpulse von den sogenannten Irrlehrern, Männern wie Frauen, ausgegangen sind. Und wenn man andererseits betrachtet, mit welcher Rücksichtslosigkeit und Brutalität die jeweils herrschende Kirche Andersdenkende wie Andersglaubende verfolgt und vernichtet hat.

Ernst Benz fährt fort: «Die Kirche duldete nicht das Weiterbestehen der freien Prophetie und die spontane Weiterbildung der Geistesoffenbarung, sondern setzte ihr eine Schranke durch die Festlegung der mündlichen und schriftlichen Tradition der Apostel in Wort und Schrift und in der heiligen Lehre... Die einzige Form der Prophetie, die noch innerhalb der Kirche geduldet wurde, war nicht die freie

Weiterbildung der Offenbarung auf Grund unmittelbarer Inspiration, sondern eine an den Buchstaben der Heiligen Schrift gebundene Prophetie, die sich als Erklärung und Aufschließung des prophetischen Sinnes der Heiligen Schrift zu erkennen gab.»

Insofern ist Swedenborgs Erlebnis typisch für diese spätere kirchliche Prophetie, in deren Zusammenhang auch die bereits erwähnte Geistesschau des Joachim von Fiore gehört.

Überblickt man an dieser Stelle die vorgeführten Beispiele von spirituellen Initialerlebnissen, dann fällt auf, daß sie durchwegs christlich-religiös motiviert sind. Das kann insofern nicht verwundern, als das christliche Traditionsgut im Westen den geistig-kulturellen Raum der letzten beiden Jahrtausende bestimmt hat, trotz säkularistisch-aufklärerischer sowie atheistischer Ansätze.

## *Karlfried Graf Dürckheim*

Daneben aber gab und gibt es Zeugnisse einer Spiritualität, in der sich diese Vorstellungswelt mit nichtchristlichen Motiven vermischt beziehungsweise diese ergänzt. Da berichtet etwa ein handwerklich tätiger Mann, wie er den Auftrag samt exakten Angaben für einen Tempelbau empfangen habe, den er an verschiedenen Orten der Erde errichten solle. Oder da erhält eine Hausfrau auf dem Weg einer inneren, das heißt medial empfangenen Schrift Botschaften, die teils von dem alttestamentlichen Lot, teils von dem Germanengott Baldur und anderen herrühren. Das psychische Kraftfeld hat sich offensichtlich zu erweitern begonnen. Die Erweiterung geht in Richtung auf eine Ökumene des Geistes, die die herkömmlichen Glaubens- und Erkenntnisgrenzen überschreitet.

Davon hat – um ein letztes Beispiel anzuführen – auch jener junge Philosophiestudent zu berichten, der zu Beginn der zwanziger Jahre über der Lesung eines kurzen fernöstlichen Textes den «Durchbruch» erlebte, seinen Durchbruch. Es handelt sich um Karlfried Graf Dürckheim, den Begründer der Initiatischen Therapie. Dürckheim hat oftmals erzählt, wie es bestimmte Zeilen aus Laotses berühmten Tao-te-king gewesen sind, die ihm den entscheidenden Anstoß gegeben haben.

Zusammen mit Enja von Hattingberg, seiner späteren Frau, hatte er den Münchner Maler Willi Geiger besucht. Enja schlug das daliegende Buch auf und las wahllos die Verse:

«Dreißig Speichen treffen die Nabe,
aber das Leere zwischen ihnen
erwirkt das Wesen des Rades;
aus Ton entstehen Töpfe,
aber das Leere in ihnen wirkt das Wesen des Topfes;
Mauern mit Fenstern und Türen bilden ein Haus.
aber das Leere in ihnen
erwirkt das Wesen des Hauses.
Grundsätzlich:
Das Stoffliche birgt Nutzbarkeit;
das Unstoffliche wirkt Wesenheit.»

Graf Dürckheim bekennt von sich: «Und da geschah es: Beim Hören des elften Spruchs schlug der Blitz in mich ein. Der Vorhang zerriß, und ich war erwacht. Ich hatte ES erfahren. Alles war und war doch nicht, war diese Welt und zugleich durchscheinend auf eine andere. Auch ich selbst war und war zugleich nicht. War erfüllt, verzaubert, ‹jenseitig› und doch ganz hier, glücklich und wie ohne Gefühl, ganz fern und zugleich tief in den Dingen drin. Ich hatte es erfahren, vernehmlich wie einen Donnerschlag, lichtklar wie einen Sonnentag. Und das, was war, gänzlich unfaßbar. Das Leben ging weiter, das alte Leben, und doch war es das alte nicht mehr. Schmerzliches Warten auf mehr ‹Sein›, auf Erfüllung tief empfundener Verheißung. Zugleich unendlicher Kraftgewinn und die Sehnsucht zur Verpflichtung – auf was hin?»

Von einem Transparentwerden, einem Durchscheinen ist also die Rede. Ganz ähnlich wie bei dem auf anderen Wegen gehenden Jean Gebser, der vom Diaphanen und von Transparenz spricht, um das spontan Erlebte zu bezeichnen. Das Durchbruchserlebnis Jakob Böhmes, von dem schon die Rede war, läßt sich als geistesgeschichtliche Parallele anführen, wenn es dort hieß, daß er in der Stunde seiner großen Erleuchtung gleichsam einen Durchblick durch alle Dinge gewonnen hätte, einen Durchblick bis in die innerste Geburt der Gottheit hinein.

Welchen Sinn soll es nun haben, Erlebnisse dieser Art Revue passieren zu lassen? Wird etwa die Parole ausgegeben: Weg von den Realitäten und hin zu fernen Höhenwelten mit ihren «peak experiences», den Gipfelerlebnissen, die die Transpersonale Psychologie beschreibt? – Eines steht fest: Der Erfahrungshunger ist groß. Die Erfahrung des Spirituellen gehört, wie eingangs gesagt, zur Wirklichkeit des menschlichen Lebens hinzu. Deshalb verdient sie, beachtet und integriert, das heißt in die Ganzheit des Lebens eingefügt zu werden. Grundsätzlich sind derartige Erlebnisse jedem Menschen zugänglich, und handle es sich von Fall zu Fall um noch so flüchtige Momente des Inneseins. Oder um es abschließend mit Graf Dürckheim zu sagen:

«Wie ein Silberstrom zieht sich durch die Zeiten die Kunde von Menschen, die irgend einmal, wie vom Blitz getroffen, eine andere Wirklichkeit erfuhren, die sie mit einem Schlage aus einer Not befreite oder als Einbruch einer Verheißung in eine andere Ebene rief. Erschütternde Erfahrung des in ihr gewöhntes Dasein einbrechenden überweltlichen Seins. Nicht immer aber sind es die weithin leuchtenden und unvergeßlichen, sei es erschütternden oder beglückenden Augenblicke unseres Lebens, in denen das Sein ins Innesein tritt, aus dem wir im Grunde immerzu leben. Es gibt die weniger herausragenden Augenblicke und Stunden, in denen wir uns unerwartet in einen besonderen Zustand versetzt finden, worin, von uns unverstanden, das Sein uns berührt... In solchen Erfahrungen überschreitet etwas unser gewöhnliches Bewußtsein, und wir erfahren etwas, das transzendenter Natur ist. Sei diese Erfahrung auch noch so kurz. Vielleicht währt sie nur den Bruchteil einer Sekunde. Sie hebt mit zwingender Evidenz jenes Leben ins Innesein, das uns unbewußt all unser gewöhnliches Ich-Welt-Erleben durchwirkt.»

In der bisherigen Darstellung wurde wiederholt auch auf Carl Gustav Jung (1875-1961) und auf die von ihm inaugurierte Analytische bzw. Archetypische Psychologie Bezug genommen. Das kam nicht von ungefähr. Denn wer sich mit seiner Biographie beschäftigt oder auch nur wenige seiner Werke zur Kenntnis nimmt, der wird überrascht sein, wie innig sich bei ihm ärztliches Handeln mit einer Vertiefung in die religiösen Traditionen der Menschheit verbunden hat. Dabei war ihm, dem kirchlich Entfremdeten, die richtungweisende Bedeutung des Christus für den westlichen Menschen offenbar. Von daher ergibt sich die Frage, wie sich bei ihm die Begegnung mit dem Christus-Archetypus gestaltet hat. Aber inwiefern ist es einem Tiefenpsychologen wie ihm gegeben, die hierfür erforderliche Wegweisung zu vermitteln? Fügt er lediglich den bereits vorhandenen Theorien neue, eben psychologische hinzu? Oder kann er auf Erlebnisse und Erfahrungen verweisen, die seinen eigenen Reifungsprozeß impulsiert haben? – Man sehe sich deshalb einige Stationen dieses Lebenswegs an.

# Begegnung mit dem inneren Christus

Religiöse Erfahrung
im Licht der Tiefenpsychologie

Seit geraumer Zeit ist ein Gespräch im Gang, das mit zunehmender Intensität geführt wird, – ein Gespräch, das theologisch und psychologisch Interessierte, Christen innerhalb und außerhalb der verfaßten Kirche quer durch die Konfessionen aufs neue zum Nachdenken über die Mitte des christlichen Glaubens anregt.

Dieses Nachdenken und die Besinnung auf das «Eine, das not tut», erweist sich als um so dringlicher, je größer die Anforderungen werden, die sich der Christenheit auf den verschiedenen Sektoren des politisch-gesellschaftlichen, des wirtschaftlichen und des kulturell-geistigen Lebens – also von außen her – stellen.

So ist die Frage verständlich: Was hat die moderne Tiefenpsychologie beizutragen, um die heute so notwendige Selbstbesinnung zu fördern? Wo liegt insbesondere der Beitrag von Carl Gustav Jung und seiner Analytischen bzw. Archetypischen Psychologie, damit das Evangelium als ein heute gangbarer Weg solcher Selbstbesinnung begangen und verwirklicht werden kann? Nicht zuletzt um der christlichen Weltverantwortung willen, denn tiefgreifende Veränderung beschränkt sich nicht allein auf die Umkehrung der politischen und gesellschaftlichen Strukturen. Veränderung beginnt innen!

Mit unverhohlener Skepsis wurden und werden Fragen wie diese nach der Erkenntnis und nach der Verwirklichung des menschlichen Selbst betrachtet. Und zwar nicht ganz unbegründet, wenn man bedenkt, welche negativen Erfahrungen «die» Theologie mit «der» Psychologie im Laufe der Jahrzehnte gemacht hat, und wenn man sieht, wievielen Mißverständnissen gerade solche tiefenpsychologischen Schulrichtungen ausgesetzt sind, deren Aussagen nur allzu leicht mit Glaubensaussagen verwechselt werden können. Zweifellos sind Grenzziehungen nötig, sie sind zumindest wünschenswert. Möglich sind sie nicht immer, wenn man bedenkt, daß die aufregenden und entscheidenden Fragen oft gerade in den Grenzbereichen gestellt und existentiell entschieden werden müssen, – nicht selten durch Grenzüberschreitungen...

## C. G. Jung als Seelen-Arzt

Was nun C. G. Jung selbst betrifft, der nie den Anspruch eines religiösen Lehrers erhoben hat, so hat er seinen Ausgangspunkt und Auftrag einmal so beschrieben: «Ich bin ein Arzt, der es mit der Krankheit des Menschen und seiner Zeit zu tun hat und auf Heilmittel bedacht ist, die der Wirklichkeit des Leidens entsprechen... Ich habe gesehen, daß es nicht genügt, meinen Patienten die Symptome wegzukurieren... Wir brauchen nicht so sehr Ideale als ein wenig Weisheit und Introspektion, eine sorgfältige religiöse Berücksichtigung der Erfahrungen aus dem Unbewußten. Ich sage absichtlich: ‹religiös›, weil mir scheint, daß diese Erfahrungen, die dazu helfen, das Leben gesunder oder schöner zu machen oder vollständiger oder sinnvoller zu gestalten, für einen selbst oder für die, die man liebt, genügen, um zu bekennen: es war eine Gnade Gottes.»

Halten wir also fest: Der Begründer der Analytischen Psychologie versteht sich in erster Linie als Arzt. Dabei kann er aber nicht leugnen, daß die religiöse Thematik, genauer: der Zugang zu religiöser Urerfahrung im Zentrum seines Lebens und Schaffens als Psychotherapeut gestanden hat, wenn er unverblümt sagte: «Gott ist eine Urerfahrung des Menschen». Von daher wird denn auch verständlich, was er in einem Vortrag über die Beziehung seines Berufszweigs zur Seelsorge einmal so aussprach: «Unter meinen Patienten jenseits der Lebensmitte, das heißt jenseits 35, ist nicht ein einziger, dessen endgültiges Problem nicht das der religiösen Einstellung wäre. Ja, jeder krankt in letzter Linie daran, daß er das verloren hat, was lebendige Religionen ihren Gläubigen zu allen Zeiten gegeben haben, und keiner ist wirklich geheilt, der seine religiöse Einstellung nicht wieder erreicht.»

Wie ist nun Jungs Weg verlaufen, auf dem er religiöser Erfahrung teilhaft geworden ist? Und inwiefern kann man bei ihm von einem spezifisch christlichen Weg, von einem inneren Weg zu Christus sprechen? Beginnen wir bei seinem Elternhaus:

### In der Welt der Mütter und Väter

«Vater und Mutter sind nicht nur persönliche Größen, sondern haben auch überpersönliche Bedeutung und werden daher vielfach als Symbole für die Gottheit verwendet. Auf diese Weise kehrt die unwillkürliche religiöse Weltanschauung, die vorne aus dem Hause hinausgeworfen wurde, durch die Hintertüre wieder hinein, allerdings in seltsam geänderter Gestalt, so geändert, daß niemand es bisher bemerkt hat...»

Diese Bemerkung findet sich in einem Brief aus dem letzten Lebensjahr des 85jährigen Carl Gustav Jung. Sie zeigt an, welche Dimension das Bild des leiblichen Vaters für den Tiefenpsychologen haben konnte, und auch tatsächlich gehabt hat. Damit sind wir schon beim Problem: Jung stammt aus einem reformierten Pfarrhaus. Auf Grund seiner eigenen

Schilderungen in «Erinnerungen, Träume, Gedanken» bekommen wir ein recht eindrückliches Bild von dem schweizerischen Landpfarrer Johann Paul Achilles Jung (1842–1896), dem Vater, und auch von der in der Familie zweifellos dominierenden Mutter. Auch für die mütterliche Dominanz gibt es – abgesehen von verschiedenen früheren Schilderungen – einen bemerkenswerten Beleg des Greises, wenn Jung geradezu von einem «Mutterkomplex» spricht, der sein Leben und Schaffen nachhaltig beeinflußt habe.

Freilich muß man sich vor dem Mißverständnis hüten, die starke Affinität Jungs zur Welt des Religiösen rühre allein schon von der Tatsache her, daß er Pfarrerssohn sei und die Religiosität gleichsam mit der Muttermilch eingesogen habe. Das ist nicht der Fall. In seinen autobiographischen Aufzeichnungen erinnert Jung selbst daran, daß nicht nur der eigene Vater Theologe gewesen sei, sondern auch der Großvater mütterlicherseits und noch etliche nahe Verwandte. Liest man, wie der kleine Junge im Umkreis von Pfarrhaus, Kirche und Friedhof eine Reihe von erschütternden Beobachtungen machte, wie er von Träumen und Alpträumen, von schlimmen Ahnungen heimgesucht wurde, die alle irgendwie mit dem Geheimnis des Gottesglaubens, auch mit dem Beruf des Vaters zusammenhingen, dann sollte man annehmen können, daß ihm an dem nötigen geistlichen Beistand nicht gemangelt haben dürfte. Doch davon konnte gerade nicht die Rede sein. Der Junge mußte selbst eine Antwort finden.

Da taucht die Gestalt des «Herr Jesus» auf. Dieser Jesus war dem Kind zwar schon von den abendlichen Gebetsversen her bekannt. Doch dieser Jesus flößte ihm eher Schrecken und Mißtrauen ein, statt Trost und Geborgenheit zu vermitteln. Zu diesem «ersten bewußten Trauma» kam, daß der im schwarzen Talar amtierende Vater in rätselhafter Weise mit diesem nicht ganz geheuren «Herr Jesus» im Bunde zu stehen schien. Dazu wurde er noch assistiert von ebenfalls schwarz gekleideten Männern, die hin und wieder einen Sarg in die Erde versenkten. Solche und ähnliche Erlebnisse hinterließen unauslöschliche Eindrücke: «Der ‹Herr Jesus› ist mir nie ganz wirklich, nie ganz akzeptabel, nie ganz liebenswert geworden, denn immer wieder dachte ich an seinen unterirdischen Gegenspieler, als an eine von mir nicht gesuchte, schreckliche Offenbarung», heißt es in den Lebenserinnerungen.

Dieser unterirdische Gegenspieler war, wie Jung erst sehr viel später einsehen lernte, ein ritueller Phallus, «ein unterirdischer, nicht zu erwähnender Gott», der in dem ersten lebhaft erinnerten Kindheitstraum in einem Erdloch emporragte und die Phantasie des Kindes aufrührte.

Der Junge gab sich zwar Mühe, ein positives Verhältnis zu dem verkündigten Christus zu gewinnen – was erwartet man anderes von einem Pfarrerssohn? – doch das dafür veranlagte Mißtrauen wollte nicht verschwinden. Der Religionsunterricht langweilte unsäglich. Offenbar war das dort zu Hörende mit den in Träumen und im Alltag Erlebten nicht in Einklang zu bringen. Der unerläßliche sonntägliche Gang zur Kirche, ausgenommen an Festtagen, etwa an Weihnachten, war von deutlichen Unlustgefühlen begleitet.

Viel näher, viel vertrauter wurde dem an Pflanzen, Tieren und Steinen interessierten Jungen indessen die Welt des Geheimnisvollen. Und eine kultusentleerte reformierte Kirche birgt eben kein Geheimnis... Schließlich war der Junge durch den erwähnten Initialtraum in die Geheimnisse der Erde, die Welt der Mütter eingeweiht. «Es war eine Art Initiation in das Reich des Dunkeln. Damals hat mein geistiges Leben seinen unbewußten Anfang genommen», schreibt der Autobiograph. Die lebensferne Welt der Väter, die Welt einer abstrakten Theologie stand dem entgegen.

*Theologie ohne Erfahrung*

Hingegen erzeugte das rein Lehrmäßige an der Religion ein ähnliches Unbehagen wie die ersten Kindheitseindrücke von ‹Jesus›. Etwa vom 11. Lebensjahr an spielte die Gottesfrage eine zunehmende Rolle, indem sie neue Probleme, Besorgnisse und Ängste verursachte, andererseits aber auch Durchblicke eröffnete und zu religiösen Erfahrungen anregte. Doch das Mißtrauen und Unbehagen betraf mehr, ja ausschließlich die von außen an den Jungen herangetragene Form der Kirchlichkeit in Elternhaus, Schule und Gottesdienst. Die ganz anders geartete Welt der Mysterien, in der der Junge lebte, schien sowohl dem Vater als auch den theologischen Verwandten völlig fremd zu sein. Dagegen hatte noch die Mutter einen instinktiven Zugang zu der Sphäre, in der ihr Kind beheimatet war.

Jung erinnerte sich: «Damals kamen auch profunde Zweifel an allem, was mein Vater sagte. Wenn ich ihn über Gnade predigen hörte, dachte ich immer an mein Erlebnis. Was er sagte, klang schal und hohl, wie wenn einer eine Geschichte erzählte, die er selber nicht ganz glauben kann oder nur vom Hörensagen kennt.»

Jung schreibt dann in seinen Lebenserinnerungen davon, wie er, der Schuljunge, dem Vater, dem Theologen und beamteten «Diener der Kirche» habe «helfen» wollen. Wie immer sich dies für das Bewußtsein des Sohnes konkret dargestellt haben mag, so dürfte doch feststehen, daß hier religiöse *Erfahrung* und dort ein theologisches *Wissen*, das dieser unmittelbaren Erfahrung entbehren mußte, miteinander konfrontiert waren. Und Jung fährt an der bezeichneten Stelle seiner Aufzeichnungen fort:

«Ich habe später, als ich achtzehn Jahre alt war, viele Diskussionen mit meinem Vater gehabt, immer mit der heimlichen Hoffnung, ihn etwas von der wunderwirkenden Gnade wissen zu lassen und ihm dadurch in seinen Gewissensnöten zu helfen. Ich war überzeugt, daß, wenn er den Willen Gottes erfüllte, sich alles zum Besten wenden würde. Unsere Diskussionen hatten aber immer ein unbefriedigendes Ende.»

So sah sich der Heranwachsende mit Realitäten konfrontiert, die ihn selbst zutiefst angingen, über die er mit einem Wissenden gerne gesprochen hätte. Doch er sah sich allein gelassen. Was Jung als Problem und als Einsicht oder als Ahnung aufgegangen war, das zwang ihn – man kann sagen: lebenslang – zur Einsamkeit. Jedenfalls weisen spätere Zeugnisse in diese Richtung. Und wenn man einmal daraufhin den Jungschen Briefwechsel durchsieht, dann ist andererseits die Freude bei Jung übergroß, wenn er einem Briefpartner sagen kann, er sei «ein weißer Rabe», einer der ganz wenigen, die ihn verstanden hätten...

An dieser Stelle sei an eine frühe Arbeit erinnert, die der 34jährige C. G. Jung, also angesichts der Lebensmitte, über «die Bedeutung des Vaters für das Schicksal des einzelnen» (1909) schrieb. Dort heißt es unter anderem: «Wenn wir je eine dämonische Schicksalsmacht am Werke sehen wollen, so sehen wir sie hier in diesen düsteren und schweigsamen Tragödien, die sich langsam und qualvoll in den kranken Seelen unserer Neurotiker vollenden... Wenn wir Normale unser Leben durchforschen, so sehen auch wir, wie eine mächtige Hand uns unfehlbar zu Schicksalen leitet, und nicht immer ist die Hand eine gütige zu nennen. Oft heißen wir sie die Hand Gottes oder des Teufels und drücken damit einen psychologisch höchst wichtigen Faktor unbewußt richtig aus, nämlich die Tatsache, daß der das Leben unserer Seele gestaltende Zwang den Charakter einer autonomen Persönlichkeit hat, beziehungsweise als solcher Art empfunden wird, so daß von jeher und auch noch im heutigen Sprachgebrauch die Quelle derartiger Schicksale als ein Dämon, als ein guter oder böser Geist, erscheint.»

Jung mochte an seine eigene Kindheit gedacht haben, als er diese Sätze als junger Psychoanalytiker niederschrieb, und auch daran, welche Problematik mit seinem und mit dem Schicksal seines Vaters verknüpft war. Diese Stelle zeigt aber auch, wie der Autor zu diesem Zeitpunkt (im Jahre 1909) noch von dem «determinierten» Denken behaftet war, wie wir es von seinem damaligen verehrten Meister Sigmund Freud kennen. Da ist, so scheint es, noch nichts von dem spezifisch christlichen Verständnis zu spüren, noch nichts von der Möglichkeit einer Befreiung, noch nichts von der Aussicht, daß der Zauberkreis der Triebwelt durchbrochen werden könnte. Jung hatte die innere «Kehre» noch nicht erreicht, deren äußere Konsequenz die Trennung von Freud darstellen sollte. So gesehen ist es auch die Problematik des Pfarrerssohnes, die auf das Verhältnis von Freud und Jung ihre Schatten wirft. Indem er seine Beziehung zu ihm klären mußte, traf er eine Entscheidung, die im Zusammenhang seiner religiösen Erfahrung gesehen werden muß.

Im Lebensrückblick kann Jung immerhin sagen, daß Gott, um den schließlich sein Denken und Streben kreiste, die sicherste Gewißheit darstellte, die es für ihn gab. Das bedeutete jedoch keineswegs eine Versöhnung mit dem kirchlichen Christentum seines Elternhauses und schon gar nicht eine Versöhnung mit der Theologie, die sein Vater repräsentierte oder ihm gegenüber wenigstens repräsentieren sollte. «Es wurde mir leichter, je weiter ich der Kirche rückte», notierte der Pfarrerssohn einmal. Was den Sohn bedrückte, das war die unausweichliche Folge, die sich aus dem Spannungsverhältnis zwischen seiner eigenen Innenerfahrung und dem theologisch-rationalen Lehr- und Gedankengebäude ergab, denn: «Die Theologie hatte meinen Vater und mich entfremdet... Ich war erschüttert und empört zugleich, weil ich sah, wie hoffnungslos er der Kirche und ihrem theologischen Denken verfallen war. Sie hatten ihn treulos verlassen, nachdem sie ihm alle Möglichkeiten, unmittelbar zu Gott zu gelangen, verrammelt hatten.»

Diese Sicht wird C. G. Jung lebenslang bewußt gewesen sein. Jedenfalls versuchte er schon einige Jahre vor der Aufzeichnung seiner Autobiographie einem protestantischen Theologen – Walter Bernet – gegenüber die Ausgangssituation deutlich zu machen, die einerseits durch den erwähnten Gegensatz, andererseits durch die materialistischen Voraussetzungen maßgeblich mitbestimmt war, mit denen er als angehender Naturwissenschaftler und Arzt hatte fertig werden müssen: «Die Tragik meiner Jugend war, daß ich meinen Vater sozusagen vor meinen Augen am Problem seines Glaubens zerbrechen und eines frühen Todes sterben sah. Das war das objektive Ereignis, das mir für die Bedeutung der Religion die Augen öffnete. Subjektive innere Erlebnisse haben es verhindert, daß ich aus dem Schicksal meines Vaters in bezug auf den Glauben negative Schlüsse zog, die nahegelegen hätten. Ich bin ja in der Blütezeit des Wissenschaftsmaterialismus aufgewachsen, hatte Naturwissenschaften und Medizin studiert und bin Psychiater geworden. Mein Bildungsgang einerseits hat mir nichts offeriert als Gegengründe, und andererseits war mir das Charisma des Glaubens versagt...»

*Erfahrbarkeit des Glaubens*

Für Jung gab es demnach nur die Möglichkeit einer klaren Grenzziehung zwischen seiner religiösen Eigenerfahrung – die er bemerkenswerterweise vom «Charisma des Glaubens» unterscheidet – und der Theologie, genauer: jener Theologie, die von der «Erfahrbarkeit des Geglaubten» (K. Bambauer) nichts wissen will.

Es ist anzunehmen, daß Jungs Urteile über Kirche und Theologie anders ausgefallen wären, wenn er in ihnen etwas von der Strahlkraft religiöser Unmittelbarkeit gespürt hätte. Die Briefwechsel mit Theologen, z. B. mit den Katholiken Victor White, Hugo Rahner, Gebhard Frei sowie mit verschiedenen Protestanten, sprechen für diese Annahme.

Was nun die Entfremdung zwischen Vater und Sohn, auch zwischen Kirchenlehre und Eigenerfahrung betrifft, so faßt Jung zusammen: «So viel stand für mich fest, und ebenso sicher war mir, daß keiner der mir bekannten Theologen ‹das Licht, das in der Finsternis schien›, mit eigenen Augen gesehen hatte, sonst hätten sie keine ‹theologische Religion› lehren können. Mit der ‹theologischen Religion› konnte ich nichts anfangen; denn sie entsprach nicht meinem Gotteserlebnis. Ohne Hoffnung auf Wissen fordert sie auf zu glauben. Das hatte mein Vater mit größter Anstrengung versucht und war daran gescheitert... Ich hatte erkannt, daß der mir immer hochgepriesene Glaube ihm diesen fatalen Streich gespielt hatte, und nicht nur ihm, sondern den meisten gebildeten und ernsthaften Leuten, die ich kannte. Als die Erzsünde des Glaubens erschien mir die Tatsache, daß er der Erfahrung vorausgriff.»

Nun wird man freilich den Einwand nicht unterdrücken dürfen, daß Jung hier und andernorts mit einem Glaubensbegriff operiert, der der christlichen Glaubenswirklichkeit kaum gerecht wird. Jung schließt sich bedauerlicherweise der im Grunde rationalistischen Vulgärmeinung an, wonach «glauben» soviel wie «nicht wissen» oder ein illusionäres «für wahr halten» darstelle. Mit dem christlichen Glaubensbegriff sind derlei Unterstellungen aber keineswegs zu vereinen. Jung verkennt daher, daß christlicher Glaube immer auch eine Erkenntnisfunktion zu erfüllen hat, zu erfüllen vermag und somit selbst eine Weise religiöser Erfahrung darstellt. So sind es erhebliche Mißverständnisse, schicksalhafte Verkettungen, die sich C. G. Jung auf seinem Weg zu Christus als Hindernisse entgegengestellt haben.

Wie konnte er sie überwinden? Etwa durch Vertiefung in die Naturwissenschaft und Medizin seiner Zeit oder etwa während der zeitweiligen Verbindung mit Sigmund Freud? Oder etwa durch eine bloße Rückbesinnung auf die kirchliche Tradition, aus der er früh herausgewachsen war? Aber gerade das war nicht möglich. Und schließlich: Inwiefern kann bei Jung dennoch von einer Hinkehr zu Christus gesprochen werden, wo er sich doch eher von kirchlicher Frömmigkeit entfernte? Ähnliche Fragen beunruhigen auch den heutigen Menschen, der in der zweiten Lebenshälfte steht und nach einer Neuorientierung Ausschau hält.

*Paulus als Prototyp*

Einsamkeitserlebnisse pflegen sich in einer solchen Situation einzustellen. Bei Jung nahmen sie schon während der ersten Lebenszeit eine eigentümliche Gestalt an. Davon berichtet er: «Meine ganze Jugend kann unter dem Begriff des Geheimnisses verstanden werden. Ich kam dadurch in eine faßt unerträgliche Einsamkeit, und ich sehe es heute als eine große Leistung an, daß ich der Versuchung widerstand, mit jemandem davon zu sprechen. So war damals schon meine Beziehung zur Welt vorgebildet, wie sie heute ist: auch heute bin ich einsam, weil ich Dinge weiß und andeuten muß, die die anderen nicht wissen und meistens auch gar nicht wissen wollen.»

Angemerkt sei, daß am ehesten solche Menschen der Einsamkeit – jenen besonderen inneren Erfahrungen – gewachsen sind, Menschen, die dem introversiven Einstellungstypus zuzurechnen sind. Gemeint sind die, für die der Schwerpunkt der Aufmerksamkeit nicht so sehr auf äußere als auf innere Objekte gerichtet ist.

Nun ist es sehr bedeutsam zu sehen, wie Jung von diesem

Motiv der Einsamkeit her eine Verbindungslinie zu dem Apostel Paulus zieht: «Gab es je einen Einsameren als Paulus? Sogar sein ‹Evangelium› traf ihn unmittelbar, während er die Männer in Jerusalem verfolgte wie das ganze römische Reich», schreibt Jung Anfang 1948 an den englischen Dominikaner Victor White. Hierbei handelt es sich keinesfalls um eine nur beiläufige Erwähnung dieses Apostels, der auf eine so außerordentliche Weise zu Christus, dem Auferstandenen und Erhöhten, gefunden hatte und der so großen Wert auf die Feststellung legte, von der Jerusalemer Tradition der zwölf Jünger (des historischen Jesus) völlig unabhängig zu sein.

Er betonte (Gal. 1, 12; 16), die Heilsbotschaft gar nicht von Menschen, sondern durch eine Offenbarung (apokalypsis) des Christus *in sich* (en emoi) empfangen zu haben. Das ist die Ausdrucksweise des Mystikers bzw. des Esoterikers, insofern der Anruf, die Be-Rufung nicht von außen kommt, sondern – psychologisch betrachtet – aus den Tiefen des Archetypisch-Unbewußten, also aus jener Sphäre, die von der Lebensmitte an immer wichtiger wird bzw. werden sollte. Dies ist zu dem ein Gesichtspunkt, das Schicksal des Apostels Paulus gerade in heutiger Zeit besonders zu beachten, weil in ihm vorgebildet erscheint, was immer mehr Menschen betrifft, die dem Kirchentum entfremdet sind.

Was will deshalb eine derartige Erinnerung an diesen Apostel zur Deutung von Jungs Lebensweg besagen? Sollte Jung in Paulus den Prototyp seines eigenen Innenweges sehen? – An der der genannten Briefstelle fügt er bedeutsam hinzu: «Ich ersehnte den Beweis des lebendigen Geistes und erhielt ihn ... Ich weiß, daß mir der Weg von einer Hand vorgeschrieben wurde, die weit über mich hinausreicht...»

Damit ist zugleich eine charakteristische Lebensmitte-Erfahrung angedeutet, eben die Ahnung oder die Gewißheit, daß nicht mehr die Alltagspsychologie ausreicht, weil transpersonale, Raum und Zeit übergreifende Faktoren in Kraft treten. Gleichzeitig spricht Jung ausdrücklich von seinem eigenen «Weg». Und er ist sich wohl bewußt, wie «verdammt groß» das klingt; – aber kein Wort mehr von den dunklen, determinierten Triebschicksalen, die aus der Hand eines guten oder eines bösen Dämons herrühren und passiv hinzunehmen seien! Auch steht diese Aussage des 73jährigen nicht etwa allein da. Sie ist kein Zufallsprodukt. Ein Brief an den protestantischen Theologen Walter Uhsadel, zwölf Jahre zuvor abgefaßt, liefert uns den ausdrücklichen Beleg dafür, daß Jung nicht nur seinen eigenen Weg unter einem deutlichen christlich-religiösen Vorzeichen gesehen hat.

Worin er nun die spezielle Aufgabe des Tiefenpsychologen erblickte, hier als «Seelenerzieher» verstanden – man könnte auch sagen: als Berater auf dem Weg in die zweite Lebensphase – das drückt die folgende, nicht weniger wichtige Briefstelle aus. Sie zeigt, welchen Erkenntnisfortschritt der Briefschreiber in der Zwischenzeit bereits gemacht hat: «Mir scheint, die wichtigste Aufgabe des *Seelenerziehers der Gegenwart* wäre es, den Menschen einen Weg zu zeigen, wie sie zu der Urerfahrung gelangen, welche zum Beispiel Paulus auf dem Weg nach Damaskus am deutlichsten gegenübergetreten ist. Nach meiner Erfahrung eröffnet sich dieser Weg nur im seelischen Entwicklungsprozeß des einzelnen.» Gemeint ist der Weg oder Prozeß der Individuation, die im Rahmen der Jungschen Psychologie der Selbstwerdung des Menschen entspricht.

### *Damaskus ist innen*

Kehren wir nochmals zu dem Bekenntnis zurück, das Jung als 80jähriger in dem angeführten Brief an Walter Bernet ausgesprochen hat, dann findet sich dort expressis verbis, wonach wir suchen, denn Jung schreibt, auf sein eigenes Schicksal deutend: «Ich war auf die Erfahrung allein angewiesen. Immer stand mir das Damaskuserlebnis des Paulus vor Augen, und ich fragte mich, wie sein Schicksal ohne seine Vision wohl ausgefallen wäre. Dieses Erlebnis ist ihm aber zugestoßen, als er blind seinen eigenen Weg verfolgte. Ich zog damals als junger Mensch den Schluß, daß man offenbar sein Schicksal erfüllen müsse, um dorthin zu gelangen, wo einem ein donum gratiae (ein Geschenk der Gnade) zustoßen könnte.»

Und nicht genug damit, denn Jung bringt an der zitierten Briefstelle mit diesem seinem Gnadenerlebnis sogar den Ursprung seiner Psychologie in Zusammenhang! Das religiöse Jugend- und Lebensproblem wäre demnach nicht irgend eines unter anderen, sondern das zentrale Thema seines Lebens und seines Schaffens als Psychotherapeut sowie als tiefenpsychologischer Forscher, – eine Feststellung, die m.E. bei der theologischen Beurteilung der Analytischen Psychologie Jungs noch nicht genügend berücksichtigt worden ist.

Das will doch besagen, daß Jung gemäß dieser Offenlegung nicht allein ein Damaskuserlebnis durchgemacht hat, das ihm zu einem Weg zu Christus geworden ist, sondern daß Jung gerade als Seelenarzt und als «Seelenerzieher» seinen Klienten eine entsprechende Wegweisung schuldig war, die den landläufigen Begriff der psychotherapeutischen «Behandlung» überschreitet! Und weil er sich an die dieser Kirche Entfremdeten und an die religiös Entwurzelten gewiesen sah, schieden im vornherein die Glaubensvoraussetzungen aus, die seine theologischen Briefpartner bisweilen stillschweigend machten.

Für die theologische Bewertung der Jungschen Selbstinterpretation dürfte indes zweierlei von besonderem Belang sein: einmal die Tatsache, daß C.G. Jung dieses sein Suchen, Irren und endliches Finden unter das Zeichen der Gnade gestellt sah, und nicht etwa als eine geplante religiöse Eigenleistung mißverstand; zum anderen, daß er sich nicht als einen vollendeten Heiligen verkannte. Individuation, wie Jung sie dargestellt hat, meint nicht Vollkommenheit, sondern eher Vervollständigung, die Einleitung eines Prozesses zur Ganzwerdung. Es gilt, jene unbewußten, uneingestandenen Regionen der eigenen Psyche zu integrieren, die wir in der Regel als nicht zum eigenen Selbst gehörig betrachten und eher auf andere projizieren.

Im übrigen wußte Jung als Psychologe um die Gefahr einer psychischen «Inflation», die einer maßlosen Selbstüberschätzung gleichkommt und einen Wirklichkeitsverlust nach sich zieht. Auch bekannte er sich zeitlebens zu seinen eigenen Schwierigkeiten, zu seinen Mängeln, zu seinem «Schatten», kurz zu seiner Konflikthaftigkeit, die auch durch ein Damaskuserlebnis nicht einfach aufgehoben ist: «Selbst dem Christen Paulus schlug ein gewalttätiger Saulus als Satansengel ins Gesicht. Diesem Kampf sollte man wohl nicht durch eine vorzeitige und antizipierte Erlöstheit ausweichen.»

Oder an anderer Stelle, in einem Brief des 51jährigen: «Ich gehe meinen Weg und trage meine Bürde, so gut ich es vermag... Es gibt in meinem Leben keine Schwierigkeit, die ich nicht ganz und gar selber bin. Niemand soll mich tragen, solange ich auf eigenen Füßen stehen kann.»

Demnach gibt es gute Gründe, bei Carl Gustav Jung, dem zum Zweifel und zur Skepsis durchaus Fähigen, von einem Weg zu sprechen, der nicht zu einer allgemeinen, undifferenzierten Religiosität, sondern der zu dem Christus des Neuen Testaments führt. Daß sich der Psychologe ausgerechnet auf den Apostel Paulus beruft und ihn als Kronzeugen seines eigenen Christseins in Anspruch nimmt, ist offenbar kein Zufall. Denn beide Male verläuft der Weg zu Christus *außerhalb* der Bahnen, die die institutionelle Kirche für ihre Gläubigen bereithält. Beide Male geschieht das Entscheidende ohne die Vermittlung eines «Amts» oder einer traditionellen geistlichen Autorität. Beide Male wird der Mensch auf dem inneren Weg zu Christus von einem Größeren, Mächtigeren, von einem Archetypus überwältigt. Jungs Urteil könnte daher nicht knapper, aber auch nicht vollständiger ausgedrückt werden als durch die Worte, die er einem Reporter der Schweizer «Weltwoche» gegenüber sagte: «Es war eine Gnade Gottes...»

Die religiöse Position des Pfarrerssohns ist demzufolge dadurch gekennzeichnet, daß Jung die überkommene Tradition, die Pfarrhaus, Kirche und Theologie repräsentieren, nicht einfach rezipieren und fortsetzen konnte, und zwar nicht nur, weil der Sohn des schweizerischen Landpfarrers einen «weltlichen» Beruf wählte. Entscheidend war, daß er dem Wink folgen mußte, der ihm in vielfältiger Weise in den Hervorbringungen des Unbewußten gegeben wurde. Und mit diesem Unbewußten mußte er fertig werden, zunächst mit seinen eigenen Träumen und visionären Erlebnissen, dann als Arzt und Analytiker mit den Produktionen des Unbewußten seiner Patienten. Das bedeutete aber einen Exodus aus dem bergenden Schoß von Tradition und Kirche. Darin gleicht Jung manch einem seiner Schicksalsgenossen, etwa dem Pfarrerssohn Friedrich Nietzsche.

*Nachtmeerfahrt der Seele*

Jung gesteht freimütig seine durchaus gefahrvolle innere Situation auf der Schwelle zur zweiten Lebenshälfte: «Die Inhalte des Unbewußten konnten mich bisweilen außer Rand und Band bringen. Aber die Familie und das Wissen: ich habe ein Ärztediplom, ich muß meinen Patienten helfen, ich habe eine Frau und fünf Kinder, und ich wohne an der Seestraße 228 in Küsnacht – das waren Tatsächlichkeiten, die mich anforderten. Sie bewiesen mir Tag für Tag, daß ich wirklich existierte und nicht nur ein vom Geistwind umgetriebenes

Blatt war wie ein Nietzsche. Nietzsche hatte den Boden unter
den Füßen verloren, weil er nichts anderes besaß als die innere
Welt seiner Gedanken – die überdies ihn mehr besaß als er sie.
Er war entwurzelt und schwebte über der Erde. Und deshalb
verfiel er der Übertreibung und der Unwirklichkeit. Diese
Unrealität war für mich der Inbegriff des Grauens, denn ich
meine ja *diese* Welt und *dieses* Leben.»

Jung selbst hatte als etwa 40jähriger den Durchgang durch
einen Prozeß zu bestehen, den er in Anlehnung an die Irrfahrten des Odysseus eine «Nachtmeerfahrt» (Nekyia) der Seele
bezeichnete. So tauchten beispielsweise aus der Fülle des
Unbewußten heranbrandende Phantasien und Imaginationen
allerlei Gestalten auf, die aus der Mythologie bekannt sind. Er
lernte die männlichen und weiblichen Figuren als innerseelische Instanzen zu deuten, z. B. als «Anima», das gegengeschlechtliche Seelenbild im Unbewußten des Mannes. Noch
wichtiger war für ihn, mit diesen Bildern auf kreative Weise
(malend und schreibend) umzugehen. Noch in der heute
immer stärkeres Interesse erweckenden *Kunsttherapie* finden
Jungs Einsichten ihre praktische, die seelische Balance stabilisierende therapeutische Anwendung. Die eingehende Schilderung seines inneren Lebens in diesem bedeutungsvollen
Abschnitt zeigt, daß der Seelenarzt den Gang in die Tiefe
selbst antreten und die heilende Arznei selbst erproben
mußte, wollte er anderen Menschen in ähnlicher Situation
ärztlich beistehen.

Kehren wir nochmals zur Frage des inneren Zugangs zu
Christus zurück, dann gehört es zweifellos zu den für die
Zukunft des Christentums wesentlichen Hinweisen Jungs,
daß er in einem Augenblick über die Weiterentwicklung des
christlichen Mythos nachsann, in dem die zeitgenössische
Theologie u. a. mit der Entmythologisierung (Rudolf Bultmann) voll in Anspruch genommen war. Aber Jung redet
keinesfalls einer Re-Mythisierung das Wort. Vielmehr meint

er die Entfaltung dessen, was im Alten wie im Neuen Testament in bildhafter Form angelegt ist. Denn – so fand Jung – im Grunde hatte es die westliche Christenheit versäumt «im Laufe der Jahrhunderte ihren Mythos weiter zu bauen.

Sie hat jenen, die den dunklen Wachstumsregungen der mythischen Vorstellungen Ausdruck gaben, das Gehör versagt. Ein Gioacchino da Fiore (Joachim von Fiore), ein Meister Eckhart, ein Jakob Böhme und viele andere sind für die Masse Dunkelmänner geblieben.» Dabei haben die Genannten nicht nur ihre Erleuchtungen mitgeteilt, sondern spirituelle Impulse vermittelt, die bis heute nachwirken.

Im Grunde besagt C. G. Jungs Hinweis, daß diese – im legitimen Sinn des Wortes – *esoterische* Seite des Christentums fortan besonderer Beachtung und Pflege bedarf. Es handelt sich um die lange sträflich vernachlässigte christliche Gnosis, Mystik und Theosophie, die mit fragwürdigen Ideologien dieses Namens nicht zu verwechseln sind. Und durch äußere Aktivitäten der Kirchen läßt sich echte christliche Esoterik keinesfalls ersetzen.

Jungs Rat lautet daher: «Die Weiterentwicklung des Mythus sollte wohl dort anknüpfen, wo der Heilige Geist sich an die Apostel austeilte und sie zu Gottessöhnen machte, und nicht nur sie, sondern alle anderen, die durch sie nach ihnen die filiatio, die Gotteskindschaft, empfingen und damit auch der Gewißheit teilhaftig wurden, daß sie nicht nur autochthone, erdentsprossene animalia waren, sondern als ‹zweimal Geborene› in der Gottheit selber wurzelten. Ihr sichtbares körperliches Leben war von dieser Erde; ihr unsichtbarer innerer Mensch aber hatte seine Herkunft und seine Zukunft im Urbild der Ganzheit, im ewigen Vater, wie der Mythos der christlichen Heilsgeschichte lautet.»

So merkwürdig es auf den ersten Blick erscheinen mag, wenn von einer Weiterentwicklung des Mythos gesprochen wird, auf Begrifflichkeit und Formulierung kommt es letztlich nicht an. Aber wo immer Grenzen der Erfahrung und des Innewerdens überschritten werden, ist eine Sprache gefordert, die der betreffenden Dimension geistig-seelischer Wirklichkeit angemessen ist. Eine Ausdrucksweise, die in der uns geläufigen Gegenstandswelt durchaus angebracht ist, muß durch eine neue ersetzt werden. Der wörtliche Sinn einer derartigen Schilderung verliert seine Bedeutung. Nicht länger das Vordergründige, eben Gegenständliche allein ist gemeint, sondern die sich darin aussprechende Sinntiefe. Selbst elementare Bezeichnungen, wie Wasser, Brot, Wein, Licht, Finsternis und dergleichen erhalten in dem Moment eine ganz neue Qualität, indem eben nicht $H_2O$, eine bestimmte Brotart, eine bestimmte Rebsorte usw. gemeint sind, sondern etwa das in Mythos und Märchen, in der Heiligen Schrift vorkommende «Wasser des Lebens» oder Brot und Wein des Sakraments. Kurz: Die Sprache der Symbole kommt zu Wort. Ein Symbol ganz besonderer Art ist die «Heilige Hochzeit», Wesensausdruck menschlicher Reifung und Selbst-Werdung.

# Die Sprache der Symbole

Heilige Hochzeit
und menschliche Reifung

Heilige Hochzeit – auf den ersten Blick wird damit ein sehr spezielles, um nicht zu sagen: ein abseitiges Thema der Religions- und Geistesgeschichte angeschlagen. Die Distanz zu heutigen Fragestellungen scheint erheblich zu sein. Gegenwartsbezüge lassen sich anscheinend nur sehr schwer herstellen. Und doch beschränkt sich das Motiv der Heiligen Hochzeit bei weitem nicht auf religionshistorische, auf mythen- und mysteriengeschichtliche Zusammenhänge. Als Symbol der Vereinigung und des Strebens nach Ganzwerdung weist es weit über sich hinaus, denn die hier gemeinte Einung ereignet sich nicht nur auf der menschlichen Ebene der Ich-Du-Beziehung. Immer ist das «ewige Du», wie Martin Buber es nennt, mit im Spiel. Und erst unter diesem Ewigkeitsaspekt wird die zwischenmenschliche Begegnung in ihrer Fülle, in ihrer Tiefe erfahren oder doch zumindest geahnt und ersehnt.

### *Mysterium coniunctionis*

Zwei Grunderfahrungen sind aufs engste mit dem Weg und Wesen des Menschen verbunden. Die eine hat damit zu tun, daß der Mensch weder mit sich noch mit seiner Mitwelt in Einklang lebt. Wir denken an die leidvollen Erfahrungen des Gegensätzlichen und des Widersprüchlichen, des Gespaltenseins und der Entfremdung, religiös gesprochen: der Mensch ist heilsbedürftig. Eine Welt der Dissonanzen umgibt uns. Auf der anderen Seite wird die Aufhebung des Unheilszustandes ersehnt. Damit hängt das Verlangen nach Identität, nach Ganzheit und Harmonie zusammen. Denn so wie jeder einzelne seinen Selbstverlust überwinden möchte, so verlangt die Gemeinschaft der Menschen, angesichts der tödlichen Bedrohung ihrer Existenz, nach Frieden und nach einem Ausgleich der selbstzerstörerischen Gegensätze.

Damit ist nicht etwa die Aufhebung jeglicher lebenschaffender Polarität gemeint, wohl aber deren Ermöglichung. Gemeint ist das «Mysterium coniunctionis» als ein Mysterium des Verbundenseins, das unter einem weiten Spannungsbogen steht. Er reicht von dem Geburtsschrei des Neugeborenen, der erst auf dieser Erde heimisch werden will, bis hin zu dem Aufschrei des Gekreuzigten: «Es ist vollbracht!» – Ausruf letzter Erfüllung. Das Mysterium coniunctionis reicht aber auch von der innigen Umarmung zweier Liebender bis hin zu der sakramentalen oder mystischen Vereinigung, deren «göttliche Bedeutung» – wie Novalis sagt – «den irdischen Sinnen ein Rätsel» bleibt.

Das ist alles noch recht vorläufig und andeutend-ungefähr gesagt. Wir werden daher gut daran tun, uns mit der Vielfalt religionsgeschichtlicher Motive, die mit unserem Thema primär zu tun haben, bekannt zu machen.

### Der antike Mythos

Hierós Gámos oder Heilige Hochzeit ist eine im Alten Orient und in der griechisch-römischen Antike allgemein bekannte Vorstellung, wenngleich die Sache selbst von einem Schleier des Geheimnisses umgeben ist. Von diesem Geheimnis, nämlich daß Gott und Göttin, auch Gott und Mensch, Hochzeit feiern, erzählt der Mythos in unzähligen Variationen.

## Die Sprache der Symbole

In seiner tiefenpsychologischen Studie über «Amor und Psyche» schreibt Erich Neumann: «Der Mythos ist immer die unbewußte Selbstdarstellung derartiger für die Menschheit entscheidender Lebenssituationen, und er ist unter anderem für uns schon deswegen von Bedeutung, weil wir an seinen durch kein Bewußtsein getrübten Selbstaussagen den echten Erfahrungsbestand der Menschheit ablesen können. In der Dichtung, die in ihrer höchsten Form von den gleichen kollektiven Urbildern belebt wird wie der Mythos, können Bilder und Formulierungen auftauchen, in denen die Aussagen des Mythos wiederkehren, und es gehört zu den beglückenden Bestätigungen einer mythologischen Deutung, wenn es sich erweist, daß in einer Dichtung der gleiche Urklang angeschlagen wird, der uns aus den Mythen entgegentönt.»

Die menschliche Erfahrung der ehelichen Vereinigung und die über die Einzelperson hinausweisende Erfahrung eines Numinosen, Göttlichen kommunizieren hier. Und eben dieses konkret-spirituelle «Darüberhinaus» macht die Heilige Hochzeit zu einem Mysterienvorgang, zum religiösen Fest, zum erschütternden, beglückenden Erlebnis, das den Menschen in seiner Tiefe anrührt. Denn, so könnte man mit dem Saarbrücker Theologen und Religionswissenschaftler Ulrich Mann die hier gemeinte Wirklichkeit andeuten:

«Paarung gibt es auch im Tierreich, Trauung ist meist nur ein standesamtlicher Registrierakt, Hochzeit aber ist etwas im innersten Wesen Mythisches, etwas Heiliges sollte man sagen. Der Begriff des ‹Hierós Gámos› drückt das aus, er ist der rituelle Nachvollzug des göttlichen Hochzeitsspiels. Kinder spielen Hochzeit, und sie spielen immer die Märchenhochzeit nach, die von Lichtheld und Königstochter. ‹Und wenn sie nicht gestorben sind...› – die heitere Schlußwendung umspielt die ernste Wahrheit, daß die Heilige Hochzeit im Grund kein Ende hat, sondern immerwährende Feier ist. Denn im Göttlichen ist alles ewig.»

Teilhabe an der Ewigkeit ist dort beabsichtigt, wo der Ritus vollzogen oder doch verkündigend, mythisch erzählend bezeugt wird. Und das ist qualitativ mehr als eine Mitteilung, die lediglich das Informationsbedürfnis befriedigt.

Es stellt sich freilich bereits hier die Frage, inwiefern und auf welche Weise der heutige Mensch Mitbetroffener ist; inwiefern *seine* Sache verhandelt wird. – Doch zuvor einige Daten, die uns die Annäherung erleichtern sollen.

*Vielfalt der Mythologien*

Vor uns steht zunächst der uralte Fruchtbarkeitsmythos, der seit Menschengedenken in Feiern und heiligen Handlungen begangen wird. Nicht von Menschen ersonnenes oder erträumtes Phantasiegebilde ist der echte Mythos. Was er erzählt, ist vorgegeben. Ihm kann sich niemand entziehen, der an dem mythischen Bewußtsein der Frühzeit teilhat. Alles menschliche Leben und Tun ist dem Tun und Leben der Götter unterstellt.

Geburt, Hochzeit und Tod beruhen auf einer Dynamik, die das Menschenmaß überschreitet. Und weil hier Götter walten, gibt Walter F. Otto zu bedenken: «Das ist etwas ganz anderes, als wenn erfahrungsgemäß abergläubische Vorstellungen eine gewisse Macht ausüben. Hier ist echte Produktivität, hier entstehen unvergängliche Gestalten, hier wird der Mensch neu geschaffen.»

So ist es der starke, der den Himmel mit all seinen Kräften beherrschende, der zeugende Gott, der sich am Beginn eines neuen Jahres mit der allbeschenkenden Erdgöttin verbindet. Die Frühjahrs- und Neujahrsfeste, etwa im Alten Orient, werden zu Fixpunkten der wiederkehrenden Götterhochzeit. Und gerade weil der ursprüngliche Mythos kein beliebiges Phantasieprodukt, etwa einer prähistorischen Unterhaltungsindustrie, ist, sondern Begründung des menschlichen Seins von einer höheren Seinsebene her, deshalb ist die kultische Vergegenwärtigung des Götterwirkens geboten.

Nach Walter F. Otto ist es der Mythos, der «ein feierliches Verhalten und Tun» verlangt, «das den Menschen in eine höhere Sphäre erhebt», und zwar – so dürfen wir hinzufügen – inmitten seiner konkreten Lebensbezüge. Durch Mythos und Ritus bekommt das menschliche Leben erst Ordnung und Sinn. Das überirdische Paar von Gott und Göttin stellt ein Urbild für die Beziehung von Mann und Frau dar, mehr noch: Gott und Göttin repräsentieren die beiden polaren Prinzipien auf allen Ebenen irdischer Wirklichkeit. Der Mensch der Überlieferung suchte in der schaffenden Polarität des Göttlichen das Wesen seines eigenen Geschlechts zu ergründen. Julius Evola geht so weit zu sagen: «Für (den Menschen) existierten die Geschlechter, ehe sie physisch existierten, als überindividuelle Mächte und Prinzipien; ehe sie in der ‹Natur› in Erscheinung traten, walteten sie in der Sphäre des Heiligen, des Kosmischen, des Geistigen, des Übersinnlichen. In der Vielfalt göttlicher, als Götter und Göttinnen differenzierter Gestalten suchte er das Wesen des Ewig-Männlichen und des Ewig-Weiblichen zu erfassen, von dem die gegensätzliche Geschlechtlichkeit der Menschenwesen nur eine Widerspiegelung und nur eine besondere Erscheinungsform ist.»

Die Widerspiegelungen dieser Art sind Legion. Ein selbstredender symbolischer Ausdruck einer solchen kosmischen Verbundenheit ist vor allem das altchinesische Tai-Gi-Tu-Zeichen, das für «Tao», universelle Ganzheit und Sinngebung, steht. In diesem Zeichen ist in geradezu klassischer Weise diese Einheit zur Anschauung gebracht, um die es in der Heiligen Hochzeit letztlich geht. Denn hier sind Yang – das Schöpferische, Helle, Männliche – und Ying – das Empfangende, Dunkle, Weibliche – so aneinandergeschmiegt, ineinandergefügt, daß beide eine runde Ganzheit ergeben. Der umfassende Kreis steht für Tao, das Allumfassende, letztlich durch kein Wort Benennbare, in dem buchstäblich alle Polarität aufgehoben ist, und zwar ohne neutralisiert zu sein.

Wenigstens in Parenthese sei hinzugefügt, daß die im chinesischen Weisheitsbuch des I Ging (sprich: I Dsching) entfaltete Yang-Ying-Symbolik als Weltformel zugleich einen «verborgenen Schlüssel zum Leben» darstellt. Martin Schönberger zeigte die Entsprechung auf, die zwischen dem altchinesischen Orakel und dem von der modernen Naturwissenschaft aufgestellten genetischen Code besteht. Da wie dort bleiben wir im Bereich der Mysterien des Lebendigen.

Es sei dabei nicht vergessen, aus welch unmittelbarer Anschauung und aus welchem Erleben heraus die Angehörigen ackerbauender Völker seit alters schöpfen: Es ist der vom Himmel niederströmende Regen, der die «Mutter Erde» befruchtet. Erfahrungen dieser Art entspricht da und dort auch ein gewisser sprachlicher Parallelismus, etwa im Griechischen, wo die Worte für Säen (speirein) und Pflügen (aroún) auch für ‹zeugen› stehen. Wohl gibt es religiöse Überlieferungen, nach denen Mutter Erde allein und ohne Mitwirkung eines zeugenden Partners zu gebären vermag. Nach Hesiod gebar Gaia, die Erde, Uranos, den Himmel. Von ihm heißt es in der Theogonie, er sei ein Wesen, «ihr (der Erde) gleich, das sie überall umhüllen sollte», also ein Paarwesen, seinem Partner ehelich, das heißt: auf ewig, zugeordnet. Von ihm berichten denn auch die Mythen, daß Uranos und Gaia den Hierós Gámos vollziehen, damit Leben gedeihen kann. Die Terra Mater wird zur Allgebärerin, zugleich ein kosmisches Modell für die Fruchtbarkeit überhaupt.

Weit verbreitet ist der kosmogonische Mythos, wonach der Himmelsgott und die Erdgöttin sich in der Heiligen Hochzeit zusammentun. «Man findet ihn vor allem in Ozeanien – von Indonesien bis Mikronesien – aber auch in Asien, Afrika und in den beiden Amerika», berichtet Mircea Eliade. Wie stark die kosmische Verbundenheit grundsätzlich bei Ackerbau treibenden Völkern, bei Natur- und bei frühen Kulturvölkern als eine Grundvorstellung anzutreffen ist, zeigt die Religionsgeschichte des Alten Orients und der griechisch-römischen Antike.

In Mesopotamien, im Zweistromland von Euphrat und Tigris also, geht der König zur Zeit des Neujahrsfestes mit einer Priesterin die Heilige Ehe ein. Sie, die gleichsam inkarnierte Muttergöttin Inanna oder Ischtar, soll dafür sorgen, daß sich die Vegetation von neuem belebt und daß die Felder die erwartete Frucht tragen. Das gleiche gilt für die Fruchtbarkeit der Herden, nicht zuletzt für die Fruchtbarkeit der Ehe.

Der mütterlichen Göttin Ischtar steht Thammus zur Seite, eine vom Schicksal gezeichnete Gestalt. Denn Jahr für Jahr muß er ins Totenreich hinabsteigen. Sein Tod ist unabwendbar. Ischtar folgt dem jugendlichen Gatten und ruft ihn aus dem Tod ins Leben auf der Erde zurück. Mit ihm begeht sie die Heilige Hochzeit. Frucht ihrer Umarmung sind die wiederbelebten Gefilde des Euphrattals.

Aber auch der Sieg des machtvollen Gottes Marduk über die chaotischen Mächte, die Tiamat verkörpert, ist zu feiern. Dazu gehört die Heilige Hochzeit, die König und Priesterin stellvertretend für die Götter in einer Kammer eines Zikkurat, eines Hügeltempels, begehen. Auch sie erfüllen damit das Gebot, das Wohl des ganzen Landes zu fördern.

Es wären noch manche Namen zu nennen, etwa Baal, der Fruchtbarkeits- und Wettergott aus dem altsyrischen Götterpantheon. Ihm ist Anat-Astarte, die Jungfrau, «Schwester» und Gefährtin zugeordnet. Vielgenannt ist das Götterpaar Isis und Osiris aus dem östlichen Nildelta. Als Verkörperung des fruchtbringenden Nilwassers, aber auch als Herr der Toten und der Wiedererweckung verbindet sich der ermordete Osiris auf geheimnisvolle Weise mit seiner trauernden Schwester-Gattin. Denn als sich Isis über die Osiris-Mumie beugt, empfängt sie Horus, das göttliche Kind, dessen Blick Sonne und Mond vereint, also kosmisch Männliches und Weibliches, eine Heilandsgestalt, die Erde und Menschheit rekreieren soll.

Die späteren Isis-Osiris-(beziehungsweise Sarapis-)Mysterien aus der hellenistischen Welt zeigen uns, daß noch mehr als nur eine biologische Erneuerung gemeint sein muß. Denn wenn es einmal von Osiris heißt, daß er die Ägypter aus dem Zustand der Wildheit herausgeführt, dem Kannibalismus entfremdet und in ein durch Gesetze geordnetes Leben versetzt habe, so wird ihm damit der Titel eines Kulturbringers zuerkannt.

Warum gerade ihm? Erich Neumann antwortet auf diese Frage: «Weil er nicht nur Fruchtbarkeitsgott im Sinne des Wachstums der Natur ist. Er ist dies auch, aber sein Schöpferischsein umfaßt diese Stufe, ohne sich auf sie zu beschränken. Jedem Kulturbringer ist eine Synthese des Bewußtseins mit dem schöpferischen Unbewußten geglückt. Er hat *in sich* den schöpferischen Punkt erreicht, den Punkt der Erneuerung und Wiedergeburt, der im Fruchtbarkeitsritual des Neujahrsfestes in der Identifizierung mit der schaffenden Gottheit dargestellt wird, und von dem das Bestehen der Welt abhängt. Dies ‹meint› der Ritus und die Menschheit *in ihm*... Nicht der Naturverlauf, sondern die Beherrschung der Natur durch das in der Entsprechung schöpferische Element im Menschen ist der innere Gegenstand des Rituals. Die Findung des Schatzes aber ist unmöglich, ohne daß der Held seine Seele findet und erlöst, sein eigenes Weibliches, das empfängt, austrägt und gebiert.»

## Ein Rätsel wird entschlüsselt

Damit ist uns, in der Sprache der modernen Tiefenpsychologie, eine wichtige Verstehenshilfe gegeben, die auf die innere Reifung des Menschen verweist. Diese Interpretation trägt dazu bei, den urtümlichen Mythos der Heiligen Hochzeit zu entschlüsseln und auf einen Prozeß anzuwenden, der im Menschen selbst abläuft. Doch davon später. Namentlich die antiken Mysterien, die eleusinischen und die dionysischen, nicht zu vergessen der Adonis- und der Attis-Kult weisen in diese Richtung. Es ist der Myste, der im Mysteriengeschehen zu Reinigende, der zu Erleuchtende und der mit der Gottheit zu Vereinende, der an sich, *in* sich erlebt, was der Mythos erzählt. Es geht also nicht mehr nur um einen Hochzeitsritus, der der äußeren Fruchtbarkeit dienlich sein soll. Er selbst, der Myste, geht «bis zur Grenzscheide zwischen Leben und Tod»; er selbst betritt «Proserpinas Schwelle», wie es im elften Kapitel der «Metamorphosen», dem aufschlußreichen Mysterienroman des Apuleius von Madaura heißt. Er selbst schaut auch die «Sonne um Mitternacht», die – den äußeren physischen Augen unsichtbar – in weißglühendem Licht erstrahlt, eine Sonne, die den Einzuweihenden den Weg zu den oberen wie zu den unteren Göttern erleuchtet. – Es wird noch zu fragen sein, ob es eine Entsprechung für den Menschen der Neuzeit gibt.

Wohl hören wir weiter von den Götterhochzeiten: von dem indo-europäischen Himmels- und Wettergott Zeus, der sich mit Göttinnen und mit irdischen Frauen in Heiliger Hochzeit verbindet, oder von Dionysos, der sich auf Naxos mit Ariadne vermählt. Hesiod, Homer, Vergil und andere antike Autoren berichten vom Tun ihrer überirdischen Helden und zeigen so, wie der alte Göttermythos jeweils zum «exemplarischen Modell für die Vereinigung der Menschen» erhoben wird.

Doch im Gang der menschlich-menschheitlichen Bewußtseinsgeschichte entspricht es durchaus einer inneren Konsequenz, daß auf das kosmisch bedeutsame Geschehen, das dem Schoß der Mutter Erde zugute kommen soll, ein mehr und mehr individuelles Erleben folgt. Das heilige Conubium, das Beilager von König oder Priester und Priesterin, bleibt nicht allein auf dieses ausgesonderte Paar begrenzt, denn in den Mysterien ist es immerhin eine, wenngleich zahlenmäßig kleine Schar von Einzuweihenden, die die Stufen der Läuterung und der Erleuchtung durchschreitet. Als Religionswissenschaftler weist Mircea Eliade wohl mit Recht auf die Notwendigkeit einer solchen persönlichen spirituellen Erfahrung hin, wenn er sagt: «Es ist, als ob die Initiationsszenarien (die Einweihungsvorgänge in den Mysterien) unlöslich mit der innersten Struktur des geistigen Lebens verbunden wären, und als ob die Initiation einen Prozeß darstellte, der für jeden Versuch einer totalen Erneuerung, für jede Bemühung, die natürliche Lage des Menschen zu transzendieren (zu überschreiten), um zu einer geheiligten Seinsweise zu gelangen, unumgänglich notwendig wäre.»

Schlußfolgerungen wie diese bedürfen freilich einer dokumentarischen Stütze. Ohne näher darauf einzugehen: Fest steht, daß von da aus der Schritt nicht mehr weit ist, die Bilder der Vereinigung mit Gott, wie der Ehe und der Hochzeit, aus der hellenistischen Mysterienwelt ins antike Christentum hineinzutragen, vor allem, wenn sichergestellt ist, daß die Heilige Hochzeit von jeglicher Vermengung mit sexuellen Momenten freigehalten wird – eine Aufgabe, der sich namentlich die Kirchenschriftsteller der ersten Jahrhunderte mit großem, nicht selten mit allzu großem Eifer hingegeben haben.

Unser Motiv taucht bereits im Alten Testament auf und kehrt in den neutestamentlichen Schriften vielfältig variiert wieder: Jahwe, der Gott des alten Bundesvolkes, steht jahrhundertelang in entschiedener Konkurrenz zur kanaanäischen Religion mit ihren Fruchtbarkeitsriten. Doch kennen die israelitischen Propheten das Bild des Ehebündnisses zwischen Jahwe und der Jungfrau Israel, der immer wieder schuldig werdenden Geliebten, um die Gott wirbt. Ein drastisches Beispiel bietet das Buch des Propheten Hosea. Sehr viel bekannter ist das berühmte Hohelied Salomos; lange Zeit als eine Sammlung von Liebes- und Hochzeitsliedern angesehen, stellt sich dieses Buch der Forschung als eine Kultliturgie zur Feier der Heiligen Hochzeit dar. Das alte Israel hat sich diese Verse einer blühenden, glühenden Erotik zu eigen gemacht und auf die Liebe seines Gottes zu seinem Volk gedeutet. Das Geheimnis, das die Strophen des Hohenliedes umspielen, ist groß. Kein Zufall, daß die Dichter und Mystiker sich gerade dieser Bilder der Liebessehnsucht angenommen haben, um die tiefsten Mysterien religiöser Erfahrung aussagbar zu machen.

Diese hochzeitliche Stimmung ist es, die sodann auch das ganze Neue Testament erfüllt: Die Zeit der strengen Gesetzlichkeit ist beendet. Der Bräutigam kommt, um seine Braut, die Gemeinde, heimzuholen. Kein anderer als Christus selbst verkörpert diesen Bräutigam – ob es sich um die Gleichnisreden des Nazareners handelt, der von der Herankunft des Bräutigams, das heißt vom Anbruch der Heilszeit, spricht, oder ob das letzte Buch der Bibel, die Johannes-Offenbarung, schließlich die Hochzeit des Lammes als ein hohes Zielbild der Heilsgeschichte enthüllt. Dominieren soll schon hier auf Erden die Gottes- und die Menschenliebe. Und wenn auch ein erheblicher Bedeutungswandel eingetreten ist, seitdem die frühe Menschheit anfing, von Götterhochzeiten zu singen und zu sagen, aufgegeben wurde das Motiv der Heiligen Hochzeit in der Christenheit nicht. Walter Schubart meint sogar sagen zu dürfen: «Keine andere Religion sieht die gottmenschliche Beziehung so sehr im Lichte der Erotik, als wechselseitiges Band der Liebe, wie die christliche... Das Christentum ist eine erotische Erlösungsreligion. Es bietet den Bedürfnissen der erlösenden Liebe weiten Raum, sich ganz im Religiösen auszuleben.»

Auch wenn damit noch nicht die letzte Tiefe des Mysteriums von Eros und Agape als der schenkenden, selbstlosen Liebe ausgelotet sein wird, eines steht fest: Spätestens seit Hosea und seit dem Hohenlied Salomonis sind die erotische Sprache und die hochzeitliche Metaphorik nicht mehr aus dem jüdisch-christlichen Vorstellungskreis zu verdrängen. Ganz im Gegenteil, Sprache und Bildwelt des Eros samt den ihm zugehörigen Erfahrungsgehalten stellen nun auch für Christen eine einzigartige Möglichkeit dar, an die Geheimnisbezirke der Gottverbundenheit heranzukommen: Ein weites, ein reich bestelltes Feld für jede Art religiöser Gnosis, ein nicht minder weites Feld für die Erlebnistiefe religiöser Mystik!

Wer von ihr spricht, wer sich um eine Annäherung an die Möglichkeiten mystischer Erfahrung bemüht, der hat vollends die Bezirke der urtümlichen Fruchtbarkeitskulte mit ihren Götterhochzeiten verlassen. Er ist, auch über die antiken Mysterien hinausschreitend, in jenen Innenraum eingetreten, in dem es um die Veränderung des Menschen geht. Und wie schon aus den Stellungnahmen Erich Neumanns deutlich werden konnte, geht es hier um eine Veränderung, die innen beginnt, in den Erlebnisgründen der menschlichen Seele. – Da stellt sich die Frage: Was hat dieses auf psychische Innerlichkeit bezogene Geschehen mit dem religionsgeschichtlichen Thema der Heiligen Hochzeit gemeinsam, deren Belege zum Teil einige Jahrtausende zurückliegen?

Nun, man könnte die begonnene religions- und geistesgeschichtliche Linie noch weiter ausziehen. An eindrucksvollen Dokumenten mangelt es nicht, denken wir an die Hoch-Zeiten der mittelalterlichen Mystik, in denen sich Frauen und

Männer auf die unio mystica, die mystische Vereinigung mit Gott, vorbereiteten; denken wir weiter an die Konjunktionsmystik der Kabbala oder an die Chymische Hochzeit bei Alchimisten und Rosenkreuzern, an die Vermählung mit der Jungfrau Sophia bei Jakob Böhme, an «Christus und Sophie» bei Novalis oder an Solowjows geheimnisumwitterte Begegnung mit der Dame Sophia. Diese Beispiele ließen sich beinahe beliebig vermehren.

Wohl liegt die Vermutung nahe, daß die einzelnen Zeugen Heiliger Hochzeit dieses Motiv aus der Tradition übernommen und – mehr oder weniger abgewandelt – ihrem eigenen Erleben nahegebracht haben. Das muß aber keineswegs immer der Fall sein. Originäre, ursprunghafte spirituelle Erfahrung bedarf letztlich keiner Anregungen von außen. Auch und gerade bei Menschen, die von einschlägigen Phänomenen aus der Geistesgeschichte nichts wissen, können sich Erlebnisse spontan einstellen, die durch einen und denselben Archetypus konstelliert erscheinen. Da schon zahlreiche historische Belege aufgeführt wurden, wollen wir uns diese Tatsache an einem relativ aktuellen Beispiel vor Augen führen:

### *Der Fall Irmengard Bardo*

Zu berichten ist von Irmengard Bardo, Jahrgang 1909, einer in Süddeutschland lebenden Frau, die schon 1946, also knapp siebenunddreißig Jahre alt, mit außergewöhnlichen Begebenheiten konfrontiert wurde. Ziemlich unvermittelt stellte sich bei ihr die Gabe des sogenannten automatischen Schreibens ein. Es handelt sich dabei darum, daß ganz aus innerem Antrieb heraus und ohne jegliche Überlegung in rascher Folge Texte niedergeschrieben werden. Der Inhalt mutete der automatischen beziehungsweise medialen Schreiberin selbst naturgemäß fremdartig an. Sie hielt ja nur den Stift; sie stand unter einer inneren Nötigung. Ihre Hand führte rätselhafterweise ein anderer. Das Phänomen als solches ist seit langem bekannt.

Irmengard Bardo, die von den damit zusammenhängenden parapsychologischen Tatbeständen keine Ahnung hatte, war über die Vorgänge anfangs in hohem Maße beunruhigt. Binnen kurzer Zeit brachte sie mehrere Texte hervor, die eine für sie kaum entzifferbare Botschaft enthielten. Um die Schilderung im Blick auf unser Thema abzukürzen, sei gesagt: Die wie von selbst sich einstellenden Wortlaute zwangen die ahnungslose Frau, die um ihr seelisches Gleichgewicht meinte besorgt sein zu müssen, zu einer gründlichen Auseinandersetzung mit dem automatisch Geschriebenen. So kam es zu einem eigentümlichen Prozeß, der einem geistig-seelischen Reifungsvorgang entspricht. Eine gewisse Wende trat ein, als sich eines Tages – es war der 25. Februar 1946 – eine nahezu unverschlüsselte Nachricht einstellte, die die Unterschrift «Lot» trug. Die Schreiberin berichtet: «Nun war ich fassungslos... Groß und deutlich in den Buchstaben stand der Name (Lot) auf dem Papier. Das war ja eine Person aus alttestamentarischer Zeit, an die ich damals und auch all die Jahre vorher nicht einmal im entferntesten gedacht hatte und die nun meine Gefühle und mein Denken in größte Erregung versetzte. Ich starrte diesen Namen zunächst nur an, dann sah ich ihn nur noch verschwommen wie durch einen Schleier...»

Die Schreiberin hatte zuerst die Vorstellung von einer außerhalb ihrer Psyche existierenden Geistwesenheit. Mit ihr konnte sie schreibend so korrespondieren, daß ihre drängenden Fragen durch «Lot» in automatisch geschriebenen Texten beantwortet wurden. Zum Teil erfolgte die Antwort in schlichten, naiven Reimen. Ein Vergleich mit der Aktiven Imagination, wie sie C. G. Jung entwickelt hat, legt sich nahe. Es ist jenes psychotherapeutische Verfahren einer Auseinandersetzung mit dem Unbewußten, bei dem der Empfänger von inneren Bildvorstellungen mit diesen in einen Dialog eintritt und sich wiederum auf die vom Unbewußten herkommende Antwort einläßt.

Doch Frau Bardo hatte zu diesem Zeitpunkt und noch viele Jahre danach keinerlei Wissen um irgendwelche tiefenpsychologischen Zusammenhänge. Das galt übrigens auch für bestimmte religiöse beziehungsweise mysteriengeschichtliche Motive, die sich in ihren automatisch geschriebenen Wortlauten fanden. So zog Irmengard Bardo auch gar nicht in Erwägung, daß sie sich in einem Geschehensablauf befand, der an die Erlebnisse der Mystiker erinnerte. Und was Lot anbelangte, so empfand sie doch eine gewisse innere Verbundenheit mit der rätselhaften Gestalt: «Ich empfand ihn von ‹oben›, von der ‹Höhe› kommend. So lebte ich sehr innig mit Lot verbunden, und jede freie ungestörte Minute hielt ich mich für seine Mitteilungen bereit. Mein hingebungsvoller Glaube, in dem damals mein ganzes Sein eingebettet war, ließ mich alles befolgen, was ich durch Lot, meinen (inneren) Führer, aufgetragen bekam.»

Diese Bereitschaft ging soweit, daß Irmengard Bardo ohne Bedenken die Kunde entgegennahm, in Kürze sterben zu sollen, um sich aus irgendwelchen Gründen für ihren jungen Sohn zu opfern. Da die Berichterstatterin nichts von der Möglichkeit eines «mystischen Todes» wußte, kam sie erst gar nicht auf den Gedanken einer etwaigen symbolischen Bedeutung dieser Kundgabe. Noch weniger wußte sie von dem Motiv der mystischen Hochzeit. Und eben diese kündigte Lot ebenfalls in den darauffolgenden Eingebungen an.

In ihrem Erlebnisbericht schreibt Frau Bardo: «Auch diese Mitteilung nahm ich wörtlich. Ich dachte über nichts nach und tat einfach alles, was von mir gefordert wurde... Ich schlief kaum, denn ich schrieb, wann immer es nur möglich war, alles auf, was mir mitgeteilt wurde. Viele Lieder, Verse und Wechselgespräche stammen aus diesen Tagen. Die Verbindung mit Lot empfand ich als eine Wahrheit, die ich bewußt erlebte. In dieser Zeit fühlte ich mich so geborgen und ein so unsagbar schönes Glücksgefühl durchzog mich ständig, daß es mit Worten nicht zu schildern ist. Ich verstand nicht mehr, wieso ich mich früher oft ängstlich und unsicher dem Leben gegenüber fühlte. Nun war ich schützend aufgehoben in einer Welt, die, obwohl für mein Auge unsichtbar, für mein Fühlen aber mehr Wirklichkeit und Kraft besaß als die Welt unserer fünf Sinne.»

Irmengard Bardo berichtet weiter von Tagen einer inneren Läuterung. Ihr innerer Auftraggeber hatte ihr auch Tage des Fastens verordnet, um dem Widerstreit zwischen Gott und dem Widersacher gewachsen zu sein. Alles meinte die Erzählerin zu diesem Zeitpunkt noch auf die Einwirkung einer irgendwie «außen» oder «oben» lokalisierbaren «Geisterwelt» zurückführen zu sollen. Der weitere Bericht von Irmengard Bardo, der das Mysterium einer inneren Coniunctio, also einer Gegensatzvereinigung, zum Inhalt hat, sei ausführlich wiedergegeben:

«Ich glaubte an das mir bevorstehende Hochzeitsfest mit Lot... Ich spürte (ihn) in meiner Nähe... Das empfand ich stark, als ich das Gespräch, das sich zwischen ihm und mir entspann, niederschrieb. Diese Worte klangen wie ein frommer Wechselgesang und berührten meine Seele tief. Es schwang fast ein litaneiähnlicher Rhythmus mit, der durch die ständig vorkommenden Wiederholungen bittender Anrufe in sehr eindringlicher Art auf mein Gemüt wirkte und in magischer Weise meine Seele erhob. Ich glaubte mich in eine andere Welt, in eine Geistwelt versetzt und mit ihr verschmolzen zu sein. – In diesem Augenblick höchsten Glücksempfindens, dem Gefühl des geistigen Einswerdens, sah ich aus der Mitte meines Körpers, oberhalb des Nabels sich eine weiße, wolkenartige Masse herauslösen, die sich zu einem schemenhaften Wesen verdichtete. Diese angedeutete Figur war nicht größer als vielleicht sechzig Zentimeter und schwebte auf die Fensterwand des Raumes zu, um durch diese hindurch zu entschwinden. Das Zimmer schien räumlich nicht mehr begrenzt zu sein... Kurz nach dem Höhepunkt des Erlebens wurde die Schrift, mit der ich in ziemlicher Schnelligkeit viele Seiten füllte, immer flüchtiger und schließlich ganz unleserlich.»

Man muß sich also klarmachen, daß sich die von Irmengard Bardo geschilderten Innenwahrnehmungen abspielten, während sie mit flinker Hand Blatt um Blatt beschrieb. Es schwand dann ihr Wachbewußtsein. Am nächsten Morgen erwachte sie, in ihren Kleidern auf der Couch liegend, mit starken Kopfschmerzen in der Mitte der Schädeldecke. Nachdem sie ihre Hausarbeit verrichtet hatte, legte sie sich erschöpft nieder.

Ihr Erlebnisbericht schließt mit einer bemerkenswerten Vision: «Ich lag so, daß mein Blick zum Fenster fiel. Die Sonne schien herein. Ihre Strahlen fielen ins Zimmer bis zu mir. Sie blendeten mich. Plötzlich mußte ich wie gebannt in ihr Licht sehen und hatte eine Vision. Ich sah, wie ein breiter, grüner Strahl, dunkel abgegrenzt, direkt aus der Sonne kommend, wellenförmig sich zu mir bewegte. Der Sonnenball aber war eingehüllt in die wunderbarsten zarten Farben, die den Regenbogenfarben glichen. In diesem Farbenmeer bewegte sich um die Sonne herum ein Schriftband, aus gotischen Buchstaben zusammengesetzt. Dabei hörte ich wundervolle Klänge von überirdischer Schönheit. Es war, als ob die ganzen himmlischen Heerscharen in einen großen Freudengesang ausgebrochen wären. – Diese Vision dauerte (offenbar) nicht lange. Ich fühlte mich auf einmal körperlich unendlich leicht... In meinem Zimmer erschienen nun in gotischen Buchstaben zusammengesetzte Schriftbänder... die sich über die Wände und alle Gegenstände zogen. Durch mein Übelsein von dem Fasten, durch die starken Kopfschmerzen, die sich wieder einstellten, bekam ich Angst. Sie verlor sich wieder, als ich meinen (Schreib-)Block nahm und schrieb. Es waren viele Seiten, auf denen ich in sehr leserlicher Schrift nur in gotischen Buchstaben... Mitteilungen empfing, die mich durch ihre Aussage tief berührten.»

Soweit die diesbezüglichen Aufzeichnungen von Irmengard Bardo. – Es versteht sich, daß der Bericht einer ausführlichen Kommentierung bedürfte, die einerseits den großen Kontext der Gesamtbiographie dieser Frau berücksichtigt und die andererseits die vielen Anspielungen und Parallelen zur Deutung heranzieht, wie sie die Religions- und Geistesgeschichte, namentlich die der christlichen Mystik, darbieten. Wer beispielsweise das Viriditas- oder Grünheits-Erlebnis der Hildegard von Bingen kennt, der findet bei Irmengard Bardo vergleichbare Momente. Aber nachweislich wurde die Berichterstatterin erst mehr als dreißig Jahre nach ihrem eigenen Schau-Erleben mit den Texten der rheinischen Mystikerin und Visionärin bekannt.

Bemerkenswert ist sodann die Tatsache, daß Frau Bardo zum Zeitpunkt ihres mystischen Todes- und Hochzeitserlebnisses gerade die Lebensmitte erreicht hatte, also jenen Abschnitt, in dem sich Lebenswende-Erlebnisse einzustellen pflegen, für den einen mehr, für den anderen weniger deutlich bewußt. Die anredende, anordnende und innerlich führende Gestalt des Lot entspricht, tiefenpsychologisch betrachtet, einer Instanz, die dem Alltags-Ich übergeordnet ist. Ja, sie wird beziehungsweise wurde von der Berichterstatterin offensichtlich als eine religiös-numinose Wesenheit erfahren. Nur von daher ist die widerspruchslose Unterordnung zu erklären.

Kennzeichnend ist aber vor allem, daß die aufgeführten Widerfahrnisse trotzdem nicht fraglos hingenommen wurden. Es fand vielmehr eine Auseinandersetzung statt, in der das Ich zum Dialog- und Kommunikationspartner eben jener übergeordneten psychisch-geistigen Instanz wurde. Dadurch wurde eine Bewußtseinserweiterung erzielt, die dort ihre Grenze erreichte, wo das Ich-Bewußtsein der Frau Bardo dem Erleben von der «anderen Seite» her nicht mehr gewachsen war, folglich in den Schlaf der Unbewußtheit versank. Und was das Motiv der Heiligen Hochzeit oder der mystischen Vereinigung betrifft, so kommt es entscheidend nicht etwa auf irgendwelche mirakulöse Begebenheiten oder Visionen an, sondern auf das kommunikative Geschehen selbst. Gemeint ist die Begegnung des Ich mit der das Ich transzendierenden Dimension von Geist und Psyche. Um es in der Sprache C. G. Jungs auszudrücken: Es handelt sich um *das Selbst,* das das menschliche Alltags-Ich umfaßt und zugleich bei weitem übersteigt, indem es auch noch die unabgrenzbare Dimension des Unbewußten mit seinen überpersönlichen Bildern und Wirkkräften umgreift.

Was das Erlebnis von Frau Bardo bemerkenswert erscheinen läßt, ist also nicht das Phänomen des automatischen Schreibens an sich, auch nicht die Tatsache, daß sie aus Seelengründen heraus mit dem Motiv der Heiligen Hochzeit erlebnismäßig vertraut wurde, sondern daß es ihr in einem jahrzehntelangen Prozeß psychischer Reifung gelang, das innen Erfahrene voll zu integrieren, das heißt in ihrem Leben fruchtbar zu machen, so daß sie mit ihrer besonderen Schicksalsproblematik fertig wurde und ihren Lebenssinn fand.


*Tiefenpsychologische Erkenntnishilfe*

Nach diesem ungewöhnlichen Beispiel wenden wir uns nun der Frage zu, inwiefern die schon vielfach erwähnte Tiefenpsychologie eine Erkenntnishilfe bei der Beleuchtung unseres Themas bieten könne.

Im Verlauf der bisherigen Betrachtungen haben wir gesehen, wie das Motiv der Heiligen Hochzeit in seinen verschiedenen Abwandlungen bisweilen in einer recht sinnenfälligen Weise, gleichsam von außen, an den Menschen herantrat, sei es in Gestalt mythischer Erzählungen, in der Form ritueller Begehungen, in religiösen Zeremonien oder auch in handwerklich-technischen Verrichtungen, etwa bei den alchimistischen Praktiken. Der Mythos selbst spricht eine Sprache, die den Eindruck erweckt, als habe die Gottesbegegnung einst «außen» stattgefunden, nämlich als ein Ereignis unter oder neben anderen historisch datierbaren Begebenheiten: «Götter wandelten einst auf Erden», heißt es noch bei Hölderlin. Und die Überlieferung weiß oftmals die Orte der großen Theophanien exakt zu lokalisieren, als sei es möglich, das heilige Geschehen am heiligen Ort geradezu dingfest zu machen, gegebenenfalls mittels einer manabesetzten Reliquie.

Ohne jetzt der Frage nachzugehen, welche Projektionsvorgänge hierbei im Spiele sind, in deren Zusammenhang innen Erlebtes, spirituelle Wirklichkeit, auf äußere Objekte übertragen wird, so wird man sagen müssen, das anscheinend «außen» Vorgefundene hat seinen eigentlichen Schauplatz dort, wo und wodurch es wahrgenommen wird, nämlich im Erlebnishorizont der Psyche, also im Menschen selbst.

Der Psychoanalytiker Herbert Silberer, einer der früh verstorbenen Schüler Sigmund Freuds, macht in seinem Werk über «Probleme der Mystik» darauf aufmerksam, welche prägende Bedeutung den inneren Bildern zugesprochen werden müsse, die beispielsweise in bestimmten, von unseren Alltagserlebnissen sich abhebenden Träumen auftauchen. Es sind Bilder, die unser bewußtes Leben so nachhaltig beeinflussen, daß man von «Elementartypen» oder von «Urmotiven» sprechen könne. C. G. Jungs zentraler Begriff des Archetypischen scheint hier vorgebildet zu sein, insofern der Archetypus ein kollektives, urtümliches Bildpotential darstellt, das auf Vorstellungen und Leben des Menschen Einfluß nimmt, bald mehr einer Idee, bald mehr einem Instinkt vergleichbar. Autonomie und Universalität bestimmen die Charakteristik dieses schwer zu definierenden Begriffs aus der Jungschen Psychologie. Von diesem Ansatz her läßt sich jedoch ein psychologisches Verständnis für das gewinnen, was mit Heiliger Hochzeit, Hierós Gámos oder Unio mystica strukturell gemeint ist. Denn alle diese und ähnliche Symbolbezeichnungen transzendieren den Bereich beziehungsweise die Fassungskraft des menschlichen Alltagsbewußtseins, das an das individuelle Ich gebunden ist.

## Transzendenzerfahrung

Zwar knüpfen Begriffe wie Hochzeit, coniunctio, unio beziehungsweise Kommunion oder Vereinigung an zentrale menschliche Erfahrungen an; es sind Erfahrungen, die das menschliche Leben erst konstituieren und qualifizieren. Aber doch ist dieses Konstituierende, Qualifizierende in des Wortes buchstäblicher Bedeutung «nicht von dieser Welt». Denn mitten in die vielfältige Aufgespaltenheit des einzelnen wie der Gesellschaft hinein tut sich die Möglichkeit des Ganzwerdens und des Heilwerdens auf, sei es als Hoffnung, als Sehnsucht oder auch in der Gestalt des religiösen Glaubens. Konkret reicht diese Urchance zum vollen Menschsein von der bergenden Gebärde, mit der eine Mutter ihr Kind umfängt, bis hin zur Liebesumarmung, ja bis zum Beieinandersein im Todesaugenblick. Und diese Chance ist unabdingbar, das heißt: durch kein Ding zu ersetzen.

Davon spricht der große Dialogiker dieses Jahrhunderts, Martin Buber, wenn er sich als Greis zwar mehr und mehr zu seinen Büchern zurückgezogen hat, dann aber doch korrigierend hinzufügen mußte: «Wohl höre ich manchen seine Einsamkeit preisen; aber das bringt er nur fertig, weil es eben doch die Menschen auf der Welt gibt, wenn auch in räumlicher Ferne. Ich habe nichts von Büchern gewußt, als ich dem Schoß meiner Mutter entsprang, und ich will ohne Bücher sterben, eine Menschenhand in der meinen.»

Mit anderen Worten: In, mit und unter diesen Erfahrungen manifestiert sich für den religiösen Menschen jenes andere, der andere, «das ewige Du», der beziehungsweise das die innige personale Begegnung zur Gottesbegegnung, die erotisch-sexuelle Liebesumarmung zur Heiligen Hochzeit werden läßt. Es ist offenbar ein und derselbe Archetypus, der strukturierend, anordnend eingreift und das menschliche Leben bereichert, indem er es mit Sinn und mit Wert erfüllt.

Mircea Eliade geht noch weiter, wenn er einmal sagt: «Erst die göttliche Hierogamie (die heilige Hochzeit), die in illo tempore (in jener Zeit) stattfand, hat die sexuelle Vereinigung der Menschen möglich gemacht. Die Vereinigung des Gottes mit der Göttin vollzieht sich in einem außerzeitlichen Augenblick, einer ewigen Gegenwart; die Vereinigung der Menschen – soweit sie nicht rituelle Vereinigungen sind – vollziehen sich in der profanen Zeit. Die heilige, mythische Zeit begründet auch die existentielle, historische Zeit, denn sie ist ihr Modell. Alles verdankt seine Existenz einem göttlichen oder halb göttlichen Wesen.»

Nach Eliade sind es demnach nicht die konkreten irdischen Vorstellungen oder Erfahrungen, die im Sinne Ludwig Feuerbachs an eine imaginäre Projektionswand geworfen werden, sondern umgekehrt: Erst das archetypische Bild, das Urbild, gibt die ideelle Form ab für die Verwirklichung in Raum und Zeit. Damit kommt Eliade ebenfalls dem sehr nahe, was C. G. Jung den Archetypus nennt, der als solcher unanschaulich bleibt, etwa wie der Begriff des Menschen im Gegenüber zu einer ganz bestimmten Person. In seinen Wirkungen aber muß dieser Archetypus als der «Anordner» postuliert werden. In unserem Fall ist es der Archetypus der Coniunctio, das heißt der Vereinigung von Gegensätzen, die aufeinander bezogen sind, die demnach zum Ausgleich drängen, also zur Gegensatzvereinigung.

Darin spricht sich eine Tendenz aus, die offensichtlich in der Struktur der menschlichen Psyche angelegt ist. Nur so ist es zu erklären, daß dieses große Thema der Ganzwerdung zu allen Zeiten thematisiert wird, und zwar unabhängig von Kultur und Gesellschaft. Aus dieser Tatsache resultiert der kollektive und universelle Aspekt, der im Archetypus, speziell im Archetypus der Gegensatzvereinigung, zur Geltung kommt.

Was die strukturelle Veranlagung in der menschlichen Psyche betrifft, so bemerkt hierzu die amerikanische Jungianerin Esther Harding: «Diese Tendenz ist einem Instinkt verwandt, und wie die Instinkte ist sie in der Lage, die Richtung anzugeben, die der sich entwickelnde Organismus verfolgen soll. Der Instinkt führt zu einem Ziel, obgleich das Individuum, in dem er wirksam ist, vielleicht gar nicht weiß, welches dieses Ziel ist.»

Nun besteht eine menschliche Grunderfahrung darin, daß unser Leben und die uns begegnende Wirklichkeit unter einem Doppelaspekt zu sehen ist. Der Mensch steht im Kraftfeld der Polarität. Er ist Mann *oder* Frau. Als solcher beziehungsweise als solche ist der Mensch der Er-Gänzung bedürftig. Erst durch das Männliche *und* das Weibliche wird menschliche Ganzheit konstituiert. Ein Wort Martin Bubers variierend, kann man sagen: Am gegengeschlechtlichen Du findet der Mensch sein Ich. – Die Gegensatzspannung bleibt, um die Chance der Menschwerdung jedes einzelnen, auf das mitmenschliche Du Bezogenen, Mal um Mal zu eröffnen. Dieses Geschehen nennen wir Leben. Denn – so Martin Buber: «Gewaltiger, heiliger als alle Schrift ist die Gegenwart eines Menschen, der nicht anders als unmittelbar da ist... in der Zauberfülle des Miteinanderseins.»

*Mystik des Miteinanderseins*

Zum Gegenüber des Männlichen und Weiblichen tritt ein weiterer Aspekt hinzu, jener, wie sich die menschliche Psyche zur Wirklichkeit verhält. Gemeint ist die Wendung nach der psychischen Innen- oder zur materiellen Außenwelt. Es ergeben sich die einander entgegengesetzten Einstellungen der Introversion und der Extraversion. Die Introversion liegt dann vor, wenn der Schwerpunkt der Aufmerksamkeit mehr innen liegt; ist das Interesse vorwiegend auf äußere, die Sinne ansprechende Objekte gerichtet, spricht Jung von Extraversion.

Zu welchen Disharmonien es kommt, die bis tief ins gesellschaftliche Leben hinein ihre Wellen schlagen, zeigen die Erfahrungen der letzten Jahrzehnte: Eine Generation, die sich in der Sorge um die Sicherung der wirtschaftlich-materiellen Existenz mühte, vernachlässigte naturgemäß die spezifischen menschlichen Werte. Demzufolge zog sie sich die Kritik der nachfolgenden Generation zu. Denn Besitz ist des Lebens höchstes Gut nicht. Mit anderen Worten: der Welt-Gewinn einer überbetont extravertierten Grundhaltung wird im allgemeinen wie im individuellen Leben durch einen einschneidenden Seelen-Verlust erkauft.

Ein anderer auf Polarität gegründeter Erfahrungswert drückt sich in der Tatsache aus, daß nur ein Teil der menschlichen Psyche vom Licht des Bewußtseins erhellt werden kann. Ihr steht die «Nachtseite der Seele», das Unbewußte gegenüber. Der alte heraklitische Satz von der Nichtabsehbarkeit der Grenzen der Seele hat an Gültigkeit nichts eingebüßt. Zur Aufgabe des Menschen gehört es, zwischen Bewußtem und Unbewußtem eine Korrespondenz herzustellen, so wie Extraversion und Introversion um der psychischen Ganzwerdung und Reifung willen einer gewissen Harmonisierung bedürfen. Das im Mittelpunkt des Bewußtseinsfeldes stehende Ich mag man die «Nummer eins der Persönlichkeit» nennen, der *ganze* Mensch ist es nicht. Der Prozeß der Selbstwerdung – Jung spricht von der Individuation – läßt es zu einer schöpferischen Begegnung zwischen dem Ich und dem Unbewußten kommen. Dieses «Zwischen» bezeichnet den Ereignisraum, in dem sich der Prozeß der psychischen Ganzwerdung abspielt: Heilige Hochzeit, nicht als ein äußerer Ritus oder als ein sinnenfälliges Symbolgeschehen, sondern als eine Synthese verstanden, die *im* Menschen selbst ihren Ort hat.

In der Psychologie C. G. Jungs ist daher dem Thema der Heiligen Hochzeit als «Mysterium coniunctionis» eine zentrale Bedeutung zugewiesen. Anders als dem Religions- und Geistesgeschichtler, dem Symbol- und Mythenforscher ist es dem Psychologen primär nicht darum zu tun, die verfügbaren Erscheinungsformen eines Motivs zusammenzutragen, zu systematisieren und zu interpretieren. Ihm geht es um den Menschen selbst, der diese Zeichen und Symbole hervorbringt und dem sie als Medium dienen, sein eigenes Erleben zu artikulieren und an dem Erleben der Gegensatzvereinigung zu reifen. So ist diese innere Coniunctio oder Heilige Hochzeit darauf gerichtet, den Menschen zu dem werden zu lassen, der er ist, der er werden soll.

Es liegt nun zweifellos in der Natur der Sache, daß dem psychologisch Fragenden die historischen Vorbilder und Zielvorstellungen der Heiligen Hochzeit nicht gleichgültig sind. Sie sind es um so weniger, als wir wissen, welche Erkenntnishilfe darin liegen kann, daß man seine konkrete Lebensproblematik und die dazugehörigen Hervorbringungen seines eigenen Unbewußten mit vergleichbaren historischen Materialien «amplifiziert». Gemeint ist die von Jung entwickelte Methode, rätselhaft erscheinende Hervorbringungen des Unbewußten durch ähnlich motivierte Texte und Bilder aus Mythos und religiöser Überlieferung so «anzureichern», daß von da aus ein Licht auf die eigene Situation fällt. Es ist die innere Parallelität, deren man dabei innewerden kann. Das zuvor unverständliche Motiv, das sich in einer Produktion des eigenen Unbewußten fand, beginnt im historischen Kontext deutlicher zu werden. Neue Horizonte tauchen auf.

Es sind die Horizonte jener Wirklichkeit, die – wie gesagt – über das Ich in der bezeichneten Weise hinausreicht. Man erschließt sich diese Dimension der Wirklichkeit nicht etwa dadurch, daß man die Technik des Beobachtens im mikrophysikalischen oder im Makrobereich verfeinert, also nicht durch Mikroskope oder durch Fernrohre; diese sind ja stets auf *äußere* Objekte der Wahrnehmung gerichtet. Der wahrnehmende Mensch bleibt ganz bewußt außer Betracht. Man muß sich daher eine völlig andere Sichtweise zu eigen machen, eben jene, die das Unbewußte – das persönliche wie das überpersönlich-kollektive – einschließt, und sei es zunächst nur im Sinne einer hypothetischen Annahme, der die Bestätigung durch die eigene Erfahrung folgen muß.

Und diese Sichtweise, der sich der Tiefenpsychologe bedient, zu der der Psychotherapeut seinen Analysanden anleiten möchte, entspricht einem kompensatorischen Verfahren, weil das Bewußte durch die Hervorbringungen des Unbewußten *er-gänzt*, vervollständigt wird. Es dominiert nicht länger das Ich, dessen Zuständigkeit in allen Fragen des alltäglichen Lebens unbestritten bleiben muß, sondern es kommt das Selbst ins Spiel als die dem bewußten Ich übergeordnete Größe, von der C. G. Jung sagt: «Es umfaßt nicht nur die bewußte, sondern auch die unbewußte Psyche und ist daher sozusagen eine Persönlichkeit, die wir *auch* sind.»

Aber sind wir denn bereits dieses Selbst – nämlich in dem Sinn, daß sich unser Menschsein nicht allein darin erschöpft, daß wir gewisse gesellschaftliche Rollen spielen und unser Tun an bestimmten Zwecken ausrichten, bis dahin, daß die vielzitierten «Sachzwänge» die Oberhand gewinnen?

*Die Frage nach dem Sinn*

Da ist wieder die unabweisbare Frage nach dem Wohin und Wozu des menschlichen Lebens. Diese Frage meldet sich nicht selten in einer peinigenden Form, beispielsweise als Sinnkrise mit all ihren Begleiterscheinungen: sei es das Gefühl der Leere trotz materieller Absicherung; die Empfindung der Disharmonie, obwohl alle wichtigen zwischenmenschlichen Kontakte zu «funktionieren» scheinen, oder als eine bedrängende, isolierende Einsamkeit trotz der offenkundigen Beziehungsvielfalt im gesellschaftlichen Pluralismus, der uns umgibt.

Was sind nun derartige Gefühle des Ungenügens und des Zwiespalts anderes als Signale jenes noch kaum beachteten Selbst, das über die Zweckhaftigkeit des alltäglichen Lebens hinaus seinen Existenzwillen anzeigt und das gebieterisch nach Selbst-Verwirklichung drängt? Derartige Signale kommen nicht von ungefähr. Krisenhafte Situationen stellen sich in jedem Lebensabschnitt ein. Es ist aber insbesondere die Zeit um die Lebensmitte, in der die Problematik der Selbst-Werdung in eine entscheidende Phase eintritt. Äußerlich scheint vieles erreicht. In der Regel hat sich das Ich in diesem Leben bereits hinreichend etabliert: in beruflicher Hinsicht, im Blick auf die mitmenschliche Partnerschaft und Familie, auch die Grundlagen für eine wirtschaftliche Zukunftssicherung sind meist gelegt. Kurz, man hat in der Zeit um die Lebensmitte ein gewisses Maß an Welterfahrung erlangt. –

Und eben da, in einem Moment, in dem die elementaren praktischen Fragen weitgehend beantwortet zu sein scheinen, werden – von irgendwoher – jene Fragen nach dem «Wozu» und «Was dann» laut. Man möchte diese unbequemen, störenden Fragen am liebsten überhören oder auf irgendeine Weise verdrängen.

Offensichtlich ist um die Lebensmitte zwischen dem dreißigsten und vierzigsten Lebensjahr ein Wendepunkt erreicht. Er steht unter dem rilkeschen Motto:

«Du mußt dein Leben ändern!»

Im Grunde ein urevangelisches Motto, nämlich das der Metánoia, der inneren Umkehr! Und erst von dieser Lebensmitte her wird das Lehrbuchwissen von der eventuellen Dreigeteiltheit des Lebenslaufes zur Lebenserfahrung: Vor der Mitte liegt das Feld, das seit der Geburt ganz der Ich-Entfaltung gedient hat, und zwar bis tief in den sozial-zwischenmenschlichen Raum hinein. In der besagten mittleren Phase ist der Schritt vom Ich zum Selbst zu tun, um schließlich für die dritte Lebenszeit, die durch den Tod ihren Abschluß findet, reif zu werden. Und: Reifwerden ist alles!

Die Analytische Psychologie unterscheidet diese drei großen Abschnitte der Persönlichkeitsentwicklung oder Individuation. Und eben dieser kritischen mittleren Phase mit ihrem Lebenswendepunkt weist sie die Aufgabe der Selbst-Findung zu. Hier erlangt das Symbol der Heiligen Hochzeit seine besondere anthropologisch-existentielle Bedeutsamkeit, nämlich als Mysterium coniunctionis, das einen inneren Wandlungsvorgang und den Prozeß einer Wiedergeburt umfaßt.

Die bisherigen Normen und Werte werden in ihrer Relativität durchschaubar. Das Ich begegnet stärker als bisher der archetypischen Wirklichkeit. Es ist jener Bereich der Psyche, der am kollektiven Unbewußten teilhat; man könnte auch sagen: am Menschheitsbewußtsein, aus dem die einzelnen Kulturepochen ihre leitenden, normen- und wertsetzenden Zielbilder und Impulse empfangen haben. Letztlich wurzelt auch die Metapher der Heiligen Hochzeit als ein Symbol menschlicher Gegensatzvereinigung im kollektiven Unbewußten. Aber inwiefern ist das der Fall?

*Lebenswende*

Ohne daß in unserem Zusammenhang auf die Vorgänge des Individuationsprozesses näher eingegangen werden kann, seien an dieser Stelle wenigstens zwei Momente nochmals besonders herausgestellt: einmal der Gegensatz von Gut und Böse beziehungsweise von Licht und Dunkel; auf der anderen Seite der von männlich und weiblich. Diese beiden Gegensatzpaare sind es, die im Verlaufe der psychischen Reifung beziehungsweise der Selbst-Werdung eine bedeutende Rolle spielen. Um es nochmals zu betonen: es geht darum, einerseits den sogenannten «Schatten» als die Dunkelseite der eigenen Psyche so zu erleben, daß sie nicht länger auf äußere Objekte projiziert wird – seien es schwierige Menschen, ungute Verhältnisse, die jeweilige Gesellschaft und dergleichen. Der Projektionsvorgang als solcher erfolgt unbewußt. Der Projizierende ist ja fest davon überzeugt, daß die Fehler ausschließlich beim anderen liegen. Er sieht sehr genau den Splitter im Auge seines Gegenüber; des Balkens in seinem eigenen Auge wird er nicht gewahr. Die Devise lautet nun: den eigenen Schatten annehmen, ihn integrieren, die Dunkelseite, die man bisher nur bei anderen, also außen zu sehen vermochte, als zum eigenen Wesen gehörig zu erkennen.

Zugeben, daß man Fehler habe, ist das eine; seine eigene Dunkelgestalt *erleben,* vor allem mit seiner Negativität zu leben, ist das andere. Wer die ersten Schritte auf dem Weg der Selbst-Erfahrung gemacht hat, der weiß, wie schwer dieser Abschnitt auf dem Weg der Selbst-Erkenntnis zu bewältigen ist, geht es doch letztlich darum, «den Wolf zu umarmen», wie man mit Luise Rinser diese Aufgabe bezeichnen könnte. Es ist der Wolf, der man *selbst* ist.

Zugegeben, die Aufgabe und den Prozeß der Schatten-Integration wird man schwerlich mit dem Motiv der Heiligen Hochzeit in Verbindung bringen. Und doch steht auch dieses

Exercitium auf dem Weg der Persönlichkeitsreifung im Zeichen der Coniunctio, das heißt der Gegensatzvereinigung.

Dieses Motiv tritt deutlicher hervor, wenn wir uns wieder dem anderen Element zuwenden, das mit dem Gegenüber von männlich und weiblich *in* der Psyche zu tun hat. Die Analytische Psychologie von C. G. Jung spricht bekanntlich vom sogenannten «Seelenbild», das ähnlich wie der Schatten außen wahrgenommen wird, jedoch wie dieser zur Totalität des Selbst gehört. Mit anderen Worten: auch psychologisch betrachtet ist der Mann nicht nur männlich, die Frau nicht nur weiblich. Vielmehr gehört zur Psyche der Frau ein gegengeschlechtliches Seelenbild; Jung nennt es den «Animus». Und die «Anima» ist analogerweise das weibliche Gegenbild in der Psyche des Mannes.

## *Begegnung mit sich selbst*

Eine wichtige Erkenntnishilfe, die die Jungsche Psychologie zu bieten hat, besteht in der Einsicht, daß nicht nur auf die äußere Ich-Du-Beziehung bei einer Begegnung zweier Menschen zu achten ist. Die Begegnung hängt ganz wesentlich davon ab, wie ein Mensch mit der unbewußten Tiefe seines eigenen Wesens in Beziehung steht. Der bereits zitierte amerikanische Jungianer James Hillman schreibt in seinen Studien über «Die Begegnung mit sich selbst»: «Um mit dem anderen in Fühlung zu treten, muß ich innerlich in Fühlung sein mit mir ... Gemeinschaft besteht nicht nur aus (äußerer) Kommunikation. Die innere Beziehung ist der Kontakt, den zwei Menschen von innen her, aus der Tiefe miteinander haben können. Denn wenn ich dieser Wirkung eben jetzt, wo sie eintritt, verbunden bin, dann bin ich auch dem anderen Menschen offen und verbunden.»

Und Hillman fügt hinzu, indem er die Aufmerksamkeit

auf die überpersönliche, archetypische Dimension der geistig-psychischen Wirklichkeit lenkt: «Der Seinsgrund in den Tiefen ist nicht einfach mein eigener persönlicher Grund. Es ist der universelle Rückhalt eines jeden Menschen, zu dem er durch eine innere Verbindung Zugang findet. Wir begegnen einander sowohl durch die Rückstrahlung des kollektiven Unbewußten, wie wir uns durch den Ausdruck unserer Selbst in der persönlichen Kommunikation begegnen.»

Von einem disharmonischen, also mit seiner eigenen unbewußten Wesenstiefe auf Kriegsfuß lebenden Menschen sagen wir: Der ist sich selbst nicht gut. – Und ins Positive gewendet, drückt Jakob Böhme jene Seelenharmonie mit dem Satz aus:

«Es gibt kein' schöner' Musik, denn wo ein Mensch
von innen zusammen ist gestimmt.»

Damit ist aus einem individuellen Erleben heraus auf einen einfachen Nenner gebracht, was es mit jener «persönlichen Kommunikation» auf sich hat, von der der Tiefenpsychologe spricht. Das Zusammengestimmtsein von innen her ist demnach eine Erfahrungstatsache, die prinzipiell jedem zugänglich ist. Auch gibt es offensichtlich eine innere Korrespondenz zwischen dem Symbol der Heiligen Hochzeit, von dem die Religions- und Geistesgeschichte der Menschheit in ungezählten Variationen zu berichten hat, und diesem individuellen Erleben der vollen Harmonie. Freilich wird man sich davor hüten, jede dann und wann sich einstellende Glücksempfindung oder jedes Gefühl der inneren Ausgeglichenheit mit jenem Symbolwort zu bezeichnen. Denn wesentlich daran ist das Unaussagbare, das Geheimnis, für das Goethe in seinem Gedicht «Selige Sehnsucht» die mahnenden Worte gefunden hat:

«Sagt es niemand, nur den Weisen
Weil die Menge gleich verhöhnet.

> *Das* Lebend'ge will ich preisen
> Das nach Flammentod sich sehnet.»

Diese schroffe Abweisung der Menge ist in der Sache selbst begründet, geht es doch um ein Menschheitsthema, das sich der Diskussion – wörtlich: einer beliebigen gedanklichen Zertrümmerung – entzieht. Dabei bekommt der kritisch-analysierende Verstand, dessen Kompetenz in allen Fragen der technischen Weltbewältigung unbestritten sei, unser Thema in seinem Gesamtumfang erst gar nicht in den Blick. Und dieses Thema heißt nicht Analyse (Zerlegung), sondern – in einem qualitativen Sinne – *Synthese* (Zusammenfügung). Heilige Hochzeit heißt nicht Scheidung oder Aufspaltung des ohnehin bereits vielfältig dissoziierten Menschen, sondern Ganzwerdung, und zwar eine solche, die den «Flammentod» wissend auf sich nimmt. Dieses Wissen steht im Zeichen der Wandlung, das heißt: dieser Tod ist nicht End-, sondern Wendepunkt, Wandlungspunkt im Blick auf ein ungeahntes neues Leben. Daher Goethes bedeutsamer Wink:

> «Nicht mehr bleibest du umfangen
> In der Finsternis Beschattung
> Und dich reißet neu Verlangen
> Auf zu höherer Begattung.»

Der des Lichts begierige Schmetterling, Metapher des lichtsuchenden, erneuerungsbedürftigen Menschen, muß freilich verbrennen. Der Flammentod als Preis für die Erfüllung der «seligen Sehnsucht»; der Schmetterling, Inbegriff der Vergänglichkeit, der es bestimmt ist, sich ins Unvergängliche zu verwandeln:

> «Und solang du das nicht hast,
> Dieses Stirb und Werde!
> Bist du nur ein trüber Gast
> Auf der dunklen Erde.»

Nicht Resignation beherrscht die Grundstimmung dieser Verse, sondern die Zuversicht auf Realisation des neuen Seins. So verstanden ist die Heilige Hochzeit ein zentrales Ganzheitssymbol der Menschheit, das die einander polar entgegengesetzten Potenzen zusammenfügt: Bewußtes und Unbewußtes, das Obere und das Untere, das Lichte und das Dunkle, das Männliche und das Weibliche, zu höchst: die Weltprinzipien Yang und Yin.

In seinem symbolkundlichen Werk «Das offenbare Geheimnis» zeigt Herbert Kessler, wie lebensentscheidend dieser auf Synthese und Ganzwerdung angelegte Prozeß ist. Denn wesentlich kommt es für jeden einzelnen darauf an, seinem alltäglichen Ich das sogenannte «Ander-Ich» oder das wahre Selbst hinzuzufügen:

«Es ist der zweite heimliche, diamantene Ich-Pol, der unsere Vernunft und unser Gemüt, unser Gewissen und unsere Geistigkeit hervorruft und determiniert, auf unser Lebensziel hin die Reife der Person. Wo der Verstand als alleiniger Haushälter kalkuliert, da opponiert das Ander-Ich gegen das Krämerhafte mit den Vernunftideen, gegen das Skrupulöse mit dem Gewissen, gegen das Schematische mit dem Esprit, dem Humor und Mutterwitz des lebendigen Geistes. Wo Empfindungen, Strebungen und Gefühle disparat versickern oder in geballten Affektladungen alles in die Luft sprengen, da sammelt das Ander-Ich das Zersprengte in einem einigen Gemüt, dem mütterlichen Nährboden des Geistes... Das Ich-Selbst überformt unsere Psyche von oben her, so daß das Geistige die erste Geige spielt. Das Konzert wird jedoch die Fugen nur dann vollendet zu Gehör bringen, wenn die Ganzheit zusätzlich von unten her aufgebaut wird.»

Mit anderen Worten: Die Bewußtwerdung jenes Unbewußten, das die individuelle Psyche übersteigt, die Einsicht in die Gegensatznatur des Menschen, ermöglicht dem Individuum den Aufbau der Persönlichkeit. Die Entfaltung und

Integration der verschiedenen, teilweise konträren Eigenschaften und Charakterzüge führt zu deren Zusammenspiel, zu einer sich gegenseitig ergänzenden Einheit, die mehr ist als die Summe ihrer Teile. Von ihr schreibt Herbert Kessler: «Eine solche übersummative, in sich gegliederte und bewegliche, gleichwohl festgefügte Einheit nennt man ‹Ganzheit›… Symbole des Individuationsprozesses, der das Ganzwerden erstrebt, sind die Sinnbilder der Wander- und Pilgerschaft, der Quest, der abenteuerlichen Reise des Ritters, der Prüfungen, etwa beim Gang durch die Elemente oder der Nachtmeerfahrt, der Höllen- und Himmelfahrt und schließlich der Wandlung und der Wiedergeburt.»

Das alles sind sinnbildhafte Bezeichnungen jenes Unterwegsseins des Menschen, der innere wie äußere Prüfungen auf sich nimmt und der in der geistig-seelischen Reifung die Erfüllung seines Lebens sucht. Das erstrebte Ziel dieses Wanderns und Suchens aber ist immer wieder das der Liebeseinung der beiden getrennten Liebenden im konkreten Leben; nicht weniger wirklich auf der psychischen Ebene als Animus und Anima; im religiös-mystischen Bereich als «Gott und die Seele». Immer ist das Umfassende gemeint, die Totalität, der Einheitspunkt einer universellen Polarität, indem die Gegensätze in Mensch und Kosmos aufgehoben sind als Inbegriff jener «seligen Sehnsucht», die das Hoffen und Denken der Menschen beherrscht, und zwar selbst über die Todesgrenze hinweg.

Weil dem so ist, werden seit alters die verschiedensten Wege beschritten, um jener geheimnisvollen Coniunctio näherzukommen. Führt man sich vor Augen, welchen Gewinn etwa eine psychotherapeutisch begleitete Individuation bringen kann, in der einerseits die Schattenproblematik, andererseits die Animus-Anima-Frage bearbeitet wird, dann wäre es gut, wenn möglichst viele Menschen sich einer solchen «Analyse» unterziehen könnten. Doch die Möglichkeiten sind bekanntlich überaus begrenzt. Zu selten meldet sich – wie das Beispiel von Irmengard Bardo gezeigt hat – ein innerer Führer, der die Initiation, die Einweihung ins Mysterium coniunctionis in Gang bringt. Aber es gibt recht verschiedenartige Spontanereignisse, die eine ähnliche bewußtseinserweiternde, das Leben verwandelnde Wirkung auslösen können. Wer denkt in diesem Zusammenhang nicht an einen schweren Schicksalsschlag, an Unfall und Krankheit und Todesnähe, in der der einzelne unversehens mit seinem Ander-Ich, seinem wahren Selbst konfrontiert wird! Schon eine Menschenbegegnung, ein Buch, ein sogenannter «Zufall» kann den Prozeß des Innewerdens und der Reifung fördern.

## Tiefenpsychologie und Meditation

Lenkt die Tiefenpsychologie unsere Aufmerksamkeit auf die Dimension des Unbewußten und leitet sie uns an, unsere Träume als zur Ganzheit unserer Psyche gehörige Wirkkräfte anzuerkennen, so stellt die Meditation mit ihrer eigenen Variationsbreite eine andere Methode dar, der Ganzheit des Lebens und Erlebens näherzukommen.

Da wie dort bewegen wir uns im Bereich der Symbole, der Sinnbilder. Und das echte Symbol ist seinerseits Inbegriff der Einung des in dieser Zeit Getrennten, das heißt: es ist sinnenfälliger und sinntragender Ausdruck zugleich. So ist beispielsweise das Kreuz das Sinnzeichen für das Verbindende, Versöhnende, Vereinende zwischen links und rechts, zwischen oben und unten. Eine Blume, ein Stein, eine Landschaft, sie können transparent werden, also Durchblick schaffen für den «Unus mundus», die Einheitswirklichkeit, die alles trägt, alles umgreift. Heilige Hochzeit ist demnach die Erfüllung, die darin besteht, daß der Mensch erkennend, erlebend, realisierend an dieser Einheitswirklichkeit Anteil gewinnt. Ein «heilig-öffentlich-Geheimnis», hat es Goethe genannt.

In seiner «Chassidischen Botschaft» spricht Martin Buber unter anderem Gesichtspunkt von der sinnbildlichen beziehungsweise von der sakramentalen Existenz, wenn er sagt: «Symbol ist Erscheinung des Sinns, Erscheinen, Scheinendwerden des Sinns in der Gestalt der Leiblichkeit. Der Bund des Absoluten mit dem Konkreten erweist sich im Symbol. Aber Sakrament ist Bindung des Sinns an den Leib, Vollzug der Bindung, Gebunden-, Eingebunden-, Verbundenwerden. Der Bund des Absoluten mit dem Konkreten ereignet sich im Sakrament... Daß Göttliches und Menschliches sich miteinander verbinden, ohne miteinander zu verschmelzen, ein gelebtes Jenseits von Transzendenz und Immanenz ist die führende Bedeutung von Sakrament.»

Die Einung, die die Heilige Hochzeit in den Blick faßt, hat demnach nicht nur mit der Sphäre des Denkens und Fühlens, auch nicht allein mit der Tiefe menschlicher Innerlichkeit oder mystischer Religiosität zu tun; das Ethische ist mit inbegriffen. Gemeint ist das «tätige Annehmen Gottes in den Dingen», sei es im Sinne der chassidischen Gotteshingabe, sei es im Sinn des Zen-Buddhismus oder der Lebenslehre eines Meister Eckhart. Das Geheimnis ist groß; es ist konkret; wir sind in ihm.

Nicht die Vielheit der Ziele, nicht der Jahrmarkt der Zwecke dürfen unser Unterwegssein bestimmen, sondern nur das einzige Ziel, von dem Buber sagt: «Im Angesicht Gottes *eins* werden. Der Mensch kann dem Göttlichen nicht nahekommen, indem er über das Menschliche hinausgelangt; er kann ihm nahekommen, indem er *der* Mensch wird, der zu werden er, dieser einzelne Mensch da, erschaffen ist.»

## Das Geheimnis des Todes

Ein letzter Gedanke und ein letztes Zeugnis: Unter sehr unterschiedlichen Aspekten haben wir das Thema «Heilige Hochzeit» betrachtet. Ein weiterer darf nicht übersehen werden. Es ist jener über die numinose Nachbarschaft von Hochzeit und Tod. Und – so heißt es im Hohenlied Salomonis:

«Die Liebe ist stark wie der Tod!»

Bemerkenswerte Sätze über die Mysterien der Vereinigung finden sich auch im «Sohar», jenem Grundbuch der jüdischen Mystik. Der sterbende Simon von Jochai, eine der großen talmudischen Autoritäten, soll sie ausgesprochen haben. Und in diesem Zusammenhang berichtet der Sohar:

«Als aber der Sarg (Simons) hinausgetragen wurde, erhob er sich in die Luft und ein Feuer brannte vor ihm her. Und sie hörten eine Stimme: Auf, und kommet und versammelt euch zur Hochzeit des Rabbi Simon! Es komme der Friede, sie mögen ruhen auf ihren Lagern.»

Was wird erlebt, wenn sich die Seele aus ihrer physischen Hülle löst? Was, wenn das – nach Bonhoeffer – «höchste Fest auf dem Weg zur ewigen Freiheit» anbricht? – Eine der Unterweisungen, die das tibetanische Totenbuch an den Sterbenden richtet, lautet:

«Wenn man das alles im Sinne behält, erreicht man Buddhaschaft, indem man in Ver*ein*ung in die Strahlungen eingeht.»

Und das Wort des sterbenden Jesus am Kreuz: «Heute wirst du mit mir im Paradiese sein», lenkt es nicht die Aufmerksamkeit des zum Tode Bereiten auf jene ursprüngliche Einheit und Ganzheit hin, die der biblische Mythos durch das Symbolwort «Paradies» ausdrückt?

Als C. G. Jungs Lebensende herannahte – er starb am 6. Juni 1961 – da kehrten jene Bilder einer «seligen Hochzeit» vor seinem inneren Auge zurück, die er schon früher einmal in einem Augenblick der Todesnähe geschaut hatte. Und es war im Mai 1959, als er den chilenischen Diplomaten Miguel Serrano bei sich zu Gast hatte, da vergaß der 84jährige für einen Moment, daß er als Psychologe und Wissenschaftler zum Thema der Coniunctio sprach. Er sprach wie in Versunkenheit:

> «Es gab einmal eine Blume, einen Stein, einen Kristall, eine Königin und einen König, ein Schloß, einen Liebenden und seine Geliebte, irgendwo, vor langer, langer Zeit, auf einer Insel mitten im Meer, vor fünftausend Jahren... Solcher Art ist die Liebe, die mystische Blume der Seele. Das ist das Zentrum des Selbst...»

Und wie im Traum murmelte der Greis:

> «Niemand versteht, was ich meine.
> Nur ein Dichter könnte es erahnen.»

# Ausblick

## AUSBLICK

Wir haben einige Aspekte betrachtet, die den Blick öffnen können für Bezirke innerer Erfahrung und für den inneren Christus. Es unterliegt keinem Zweifel, daß die Zahl derer immer größer wird, die nach spiritueller Vertiefung und Erneuerung verlangen, selbst wenn dies nicht immer so artikuliert wird. Auf der anderen Seite gibt es einschlägige Erfahrungen. Sie pflegen sich bisweilen ohne jede Vorankündigung einzustellen, sei es in Gestalt einer existentiellen Erschütterung, sei es in Gestalt eines ungeahnten Innewerdens, einer Erleuchtung. Der konventionelle Glaube vieler, die noch einer christlichen Konfession verbunden sind, gerät mehr und mehr ins Wanken. Die darüber wachenden kirchlichen Autoritäten, etwa die Inhaber kirchlicher Lehr- und Leitungsämter, verlieren an Glaubwürdigkeit. Die damit zusammenhängenden aktuellen Phänomene sind hinreichend bekannt und bedürfen keiner besonderen Veranschaulichung.

Doch daraus ist offensichtlich nicht der Schluß zu ziehen, daß das geistig-religiöse Er-Leben am Ende sei. Ganz im Gegenteil: dieses Erleben erfährt eine unerhörte Erneuerung; es wird autonom. Wenn Dietrich Bonhoeffer schon in den vierziger Jahren die «Mündigkeit» des modernen Menschen eigens herausgestellt und entsprechende Konsequenzen für die Verkündigung gefordert hat, dann läßt sich dieser Tatbestand auf der Schwelle zum dritten nachchristlichen Jahrtausend nicht länger leugnen.

Der Vorgang als solcher ereignet sich sehr zum Erschrekken der (im weitesten Sinn des Wortes zu verstehenden) Fundamentalisten jeder Couleur. Sie scheinen nur die Phänomene eines Zusammenbruchs und der Preisgabe alter Positionen sehen zu können. Das ist gewiß einer der Gründe, weshalb sie – paradoxerweise – aus purem Unglauben an die Kraft des fortwirkenden Geistes die einzige «Rettung» im Festhalten am Buchstaben von «Schrift und Bekenntnis» (Dogma), von Glaubensnorm und überkommenem Ritus erblicken. Ihnen muß bereits der Hinweis auf die hier gemeinte Innenerfahrung ganz und gar indiskutabel erscheinen, zumal die Indienstnahme der Psychologie ihren ganz besonderen Argwohn erweckt.

Um kein Mißverständnis aufkommen zu lassen: Geist und Buchstabe, äußerer Vollzug und inneres Erleben müssen aufeinander bezogen bleiben. Es bedarf – um es mit den Worten des Apostels Paulus zu sagen – der «irdenen Gefäße» (2. Kor. 4,7), die den darin aufbewahrten spirituellen Schatz der Kraft Gottes (dynamis tou theou) bergen. Entscheidend aber sind diese irdenen Gefäße nicht. (Inwieweit dies für die biblische Überlieferung ebenfalls zutrifft, wäre einer gesonderten sorgsamen Überprüfung anheimzustellen!) Diese Ehrfurcht gebietenden Gefäße sind durchaus zeitgebunden und der Wandlung unterworfen. Deshalb ist es wichtig, den vorausgehenden Kontext des Paulus-Wortes (2. Kor. 4,6) noch hinzuzunehmen. Und da ist von der Erleuchtung schenkenden Erkenntnis (photismós tes gnóseos) die Rede, die *in den Herzen*, also in der Wesenstiefe des Menschen je und je aufbricht. Mit anderen Worten: es ist die urchristliche Botschaft selbst, die auf das Christus-Geschehen in der menschlichen Lebensmitte verweist!

Über alledem sei aber auch nicht übersehen, welche Gefahrenpunkte beachtet werden müssen. Gerade im geistlich-religiösen Leben gibt es Gefährdungen aller Art, etwa die Versuchung durch einen kaum verhüllten Egoismus und durch Selbstgefälligkeit. Es besteht die Gefahr der Selbsttäuschung und der Selbstüberschätzung. Gerade beim Betreten eines Innenweges kommt es immer wieder vor, daß der auf Bewußtseinsintensivierung und auf Selbst-Werdung setzende Mensch sein empirisches Ich aufbläht. Wer will, um ein Beispiel zu geben, durch einen geistigen Schulungsweg etwa nicht ganz bestimmte «Fortschritte» machen, um «besser» zu sein als andere, um seine Konkurrenten im «Lebenskampf» so oder so zu übertrumpfen? Wie oft wird der zu überwindende «alte Adam» mit dem wahren Selbst, mit dem «neuen Menschen», d. h. mit Christus verwechselt?

Vor dieser Gefahr einer psychischen Inflation, d. h. vor einem Überschwemmtwerden mit den Inhalten des Unbewußten hat C. G. Jung wieder und wieder gewarnt. Deshalb die eindringliche Mahnung des Seelenarztes, um ein widerstandsfähiges Ich-Bewußtsein besorgt zu sein, das die Realitäten der Alltagswirklichkeit nüchtern im Blick behält. In seinen Vorlesungen über «Das Wandlungssymbol in der Messe» (1941; jetzt in Gesammelte Werke, Bd. XI) kommt Jung auf dieses wichtige Thema eines intuitiven Zugangs zur Christus-Wirklichkeit zu sprechen, die stets auch den Prozeß persönlicher Reifung und Selbst-Werdung einschließt: «So richtig diese Intuition sein mag, so gefährlich ist sie auch, denn sie setzt ein widerstandsfähiges Ich-Bewußtsein voraus, welches der Versuchung, sich mit dem Selbst zu identifizieren, nicht unterliegt. Ein solches Ich-Bewußtsein scheint aber noch relativ selten vorzukommen, wie die Geschichte zeigt: In der Regel besteht die Gefahr, daß das Ich sich mit dem inneren Christus identifiziert, unterstützt durch eine falsch verstandene imitatio (Nachahmung) Christi...»

Trifft das zu, ist es dann geraten, sich dieser Gefahr auszusetzen, auf die der Tiefenpsychologie aufmerksam macht? Die Antwort auf diese wichtige Frage kann nur lauten: Wer aus Bequemlichkeit der bleiben will, der er von Natur aus ist, eingebettet und gegen jede Erschütterung vom Transzendenten her abgesichert, der setzt sich erst gar keiner Gefahr aus. Er pflegt den alten Adam seines niederen Ich, statt es der schonungslosen Kritik durch den inneren Richter auszusetzen. Allzu willig folgt er den Normen des gesellschaftlichen wie des religiösen Kollektivs. Er erlebt weder die Leiden noch die Wachheit des einzelnen, die die Konfrontation mit dem Christus-Selbst mit sich bringen. Dafür bleibt er im Stadium kindlich/kindischer Unmündigkeit, statt in die Freiheit der Söhne und Töchter Gottes hinein aufzuwachen.

Wenn nicht alles trügt, dann sind heute in einer Welt der Trends und des «man»-Standpunkts, in einer Welt zunehmender Nivellierung und Vermassung Menschen gefordert, die den Mut zu reifer Eigenständigkeit aufbringen. Ob die Begegnung mit dem inneren Christus gelingt bzw. Ereignis wird, dürfte sich darin erweisen, ob der betreffende Mensch bereit ist, Last und Chance der Selbst-Werdung auf sich zu nehmen. Die quantitative Zunahme der Fundamentalisten wie der um ihre traditionellen Bastionen Besorgten kann nicht darüber hinwegtäuschen: «The old time-religion», die kirchliche Gewohnheitsreligiosität, hat abgewirtschaftet – oder mit Angelus Silesius ins Positive gewendet:

> Der Mensch, der seinen Geist nicht über sich erhebt,
> Der ist nicht wert, daß er im Menschenstande lebt.

Von daher ist die Aufforderung des Mystikers zu verstehen:

> Mensch, werde wesentlich; denn wenn die Welt vergeht,
> So fällt der Zufall weg, das Wesen, das besteht.

# Literatur

## Quellennachweis

Abgesehen von dem Abschnitt «Begegnung mit dem inneren Christus» sind alle übrigen Kapitel zuvor im Abendstudio des Süddeutschen Rundfunks Stuttgart bzw. des Südwestfunks Baden-Baden gesendet worden. Für die vorliegende Ausgabe wurden die Texte überarbeitet bzw. ergänzt. Das gilt insbesondere für das vorletzte Kapitel. Unter der Überschrift «Zum Beispiel C. G. Jung – Die religiöse Position eines Pfarrerssohns» erschien eine Kurzfassung hiervon erstmals 1979 in dem Sammelband «Haus in der Zeit – Das evangelische Pfarrhaus heute», hrsg. von Richard Riess (Christian Kaiser Verlag München).

## Literaturhinweise

Die Zitate von Carl Gustav Jung erfolgen nach
*C. G. Jung:* Gesammelte Werke Bd. I–XVIII (1956ff),
– Briefe I–III (1972ff),
– Erinnerungen, Träume, Gedanken (1962),
sämtlich im Walter Verlag Olten-Freiburg erschienen.

Für die weitere Vertiefung empfehlen sich im Blick auf das Thema des vorliegenden Buches besonders folgende Werke C. G. Jungs:
– Symbole der Wandlung (Band V),
– Die Beziehungen zwischen dem Ich und dem Unbewußten (VII),
– Die Archetypen des kollektiven Unbewußten (IX, Teil 1),
– Zur Psychologie westlicher und östlicher Religion (XI),
– Psychologie und Alchemie (XII).

## Sekundärliteratur

*Ernst Benz:* Die Vision. Erfahrungsformen und Bilderwelt. Stuttgart 1969.
*Wilhelm Bitter* (Hrsg.): Meditation in Religion und Psychotherapie. Stuttgart 1958.
–: Psychotherapie und religiöse Erfahrung. Stuttgart 1965.
*Jakob Böhme:* Aurora der Morgenröte im Aufgang. Frankfurt/M. 1992.
–: Christosophia. Ein christlicher Einweihungsweg. Frankfurt/M. 1992.
*Gion Condrau:* Transzendenz, Imagination und Kreativität (Die Psychologie des 20. Jahrhunderts, Band XV). Zürich 1979.
*Eugen Drewermann:* Tiefenpsychologie und Exegese I/II. Olten-Freiburg 1984f.
*Dieter Eicke* (Hrsg.): Freud und die Folgen, Teil 2 (Die Psychologie des 20. Jahrhunderts, Band III). Zürich 1977.
*Henry F. Ellenberger:* Die Entdeckung des Unbewußten I/II. Bern 1973.

*Helmut Hark:* Der Traum als Gottes vergessene Sprache. Olten-Freiburg 1982.
*Gert Hummel:* Theologische Anthropologie und die Wirklichkeit der Psyche. Darmstadt 1972.
*Almut und Werner Huth:* Handbuch der Meditation. München 1990.
*Maria Kassel:* Biblische Urbilder. Tiefenpsychologische Auslegung nach C. G. Jung. München 1980.
*Verena Kast:* Die Dynamik der Symbolik. Grundlagen der Jungschen Psychotherapie. Olten-Freiburg 1990.
*Christoph Kolbe:* Heilung oder Hindernis. Religion bei Freud, Adler, Fromm, Jung und Frankl. Stuttgart 1986.
*Erich Neumann:* Kulturentwicklung und Religion. Zürich 1953.
*Willy Obrist:* Archetypen. Olten-Freiburg 1990.
*Paul Rabbow:* Seelenführung. Methodik der Exerzitien in der Antike. München 1954.
*Friedrich Rittelmeyer:* Meditation (1928). Stuttgart. 11. Aufl. 1984.
*Alfons Rosenberg:* Christliche Bildmeditation. München 1975.
*Hans Schär:* Erlösungsvorstellungen und ihre psychologischen Aspekte. (Studien aus dem C. G. Jung-Institut Zürich, Bd. II) Zürich 1950.
*Johannes Tenzler:* Selbstfindung und Gotteserfahrung. Die Persönlichkeit C. G. Jungs und ihr zentraler Niederschlag in seiner Komplexen Psychologie. Paderborn 1975.
*Gerhard Wehr:* Carl Gustav Jung. Leben, Werk, Wirkung. München 1985.
–: Heilige Hochzeit. Symbol und Erfahrung menschlicher Reifung. München 1986.
–: Tiefenpsychologie und Christentum – C. G. Jung. Augsburg 1990.
–: Lebensmitte. Die Chance des zweiten Aufbruchs. München 1991.
–: Herausforderung Anthroposophie. Kulturelle und spirituelle Alternative. München 1993.
–: Selbsterfahrung durch C. G. Jung. Augsburg 1993.
*Victor White:* Gott und das Unbewußte. Zürich 1957.
*Hildegunde Wöller:* Ein Traum von Christus. In der Seele geboren, im Geist erkannt. Stuttgart 1987.
*Jürg Wunderli:* Stirb und werde. Wandlung und Wiedergeburt. Fellbach 1980.
*Gerhard P. Zacharias:* Psyche und Mysterium (Studien aus dem C. G. Jung-Institut Zürich, Bd. VI) Zürich 1954.